Das Feuer neu entfachen

Zündende Impulse
für einen lebendigen Glauben

Teilnehmerheft

Autoren: P. Hubert Lenz SAC und Irmgard Scholz

WeG-Verlag

Copyright © 2007

Hrsg.:
Internationales **P**rojektteam **W**ege erwachsenen Glaubens (**IPW**)
Im IPW haben sich Verantwortliche aus verschiedenen Diözesen und Arbeitsbereichen zusammengeschlossen, die Erwachsenen neue Zugänge zum Glauben ermöglichen wollen. Mitglieder des Teams sind derzeit: Klemens Armbruster (Diözesanreferent), Marcel Bregenzer (verh. Diakon), Urban Camenzind (verh. Diakon), Theresa Herzog (Rechtsanwältin), P. Hubert Lenz (Professor), Leo Tanner (Pfarrer).

www.wege-erwachsenen-glaubens.org

Umschlaggestaltung: Karl Ditt
Logo zum Vallendarer Glaubenskurs: Barbara Regnat
Alle weiteren Bild- und Quellenangaben auf Seite 144.

Druck: Fuck, Druckerei und Verlag, Koblenz (D)

2., überarbeitete Auflage 2008

ISBN 978-3-909085-51-4 (1. Aufl.: 3-909085-26-1)

Inhaltsverzeichnis

Vorwort		7
Zum Umgang mit den Texten dieses Buches		8
1.	Auf der Suche nach Gott – „Es gibt noch Feuer unter der Asche …"	9
2.	Unsere Sehnsucht nach Liebe – mehr als nur ein Traum?!	25
	Dankenswerte Erfahrungen im Alltag	42
3.	Es gibt Liebe! In Jesus Christus überbietet Gott unsere Sehnsucht	43
	Spuren Gottes in meinem Leben	57
4.	Gottes Zuwendung wartet auf Antwort: SEIN Leben wählen – SEINEM JA-Wort trauen?!	58
5.	Unterwegs zu neuer Freiheit – trotz der Wunden der Vergangenheit	72
6.	Neuanfang ist möglich – es gibt Vergebung!	90
7.	Beten – sich immer mehr in Gott verwurzeln	104
8.	Damit das Feuer weiter brennt … – den begonnenen Weg fortsetzen	119

Anhang

Zur Gestaltung der „Persönlichen Besinnungszeit"	134
Hinweise zum Zurechtfinden in der Bibel	135
Wieder anfangen – aber wie? Erfahrungen mit dem Bußsakrament	138
Glaubenskurs-Dankgebet	141
Angebote des WeG-Verlags und der Projektstelle	142
Quellenangaben und Bildabdruckrechte	144

Bei der Auswahl der Bibelstellen wurden gegenüber der 1. Auflage folgende Veränderungen vorgenommen:

Woche		Neu (Tag und Stelle)		Bisher (Tag und Stelle)
2. Woche	(1)	Mk 1, 4.5.9-11	(1)	Lk 3,21-22
4. Woche *	(1)	Mk 4,35-41	(3)	Kol 3,7-15
4. Woche *	(5)	Lk 1,26-38	(5)	Mk 12,28-34
5. Woche	(2)	Mk 8,22-26	(2)	Joh 9,1-7
5. Woche	(3)	Lk 13,10-13	(3)	Mk 2,1-12

* In der 4. Woche wurde auch die Reihenfolge der übrigen Texte teilweise umgestellt.

Auf www.weg-vallendar.de finden sich bei „Der Kurs-Weitere Unterlagen"
- eine Gesamtübersicht mit allen Veränderungen
- die Besinnungstexte zu den neu aufgenommenen Bibelstellen.

Vorwort

Liebe Leserin, lieber Leser!

Sie halten das „Teilnehmerheft" zum Vallendarer Glaubenskurs „Das Feuer neu entfachen" in der Hand. Dieser Kurs richtet sich an Erwachsene, die einen neuen oder vertieften Zugang zum christlichen Glauben suchen und sich nach einer persönlicheren Beziehung zu Gott sehnen. Das Teilnehmerheft möchte Interessierte bei ihrer Suche und auf ihrem Weg begleiten.

Ob Sie am Beginn eines solchen Kurses bzw. Glaubensweges stehen oder einfach „nur" nach „besinnlichem Lesestoff" suchen, ob Sie sich näher mit dem Gesamtprojekt „Wege erwachsenen Glaubens" befassen (wollen) oder einfach „mal reinschauen" und etwas schnuppern möchten: Wir wünschen Ihnen Freude beim Lesen.

Im Titel des Kurses kommt auch unser Anliegen zum Ausdruck: Wir möchten helfen, das Feuer des Glaubens neu zu entfachen. Zugleich ist in dem gewählten Titel unsere Überzeugung enthalten, dass wir als Menschen immer schon von Gott „beim Namen gerufen" sind und in einer Beziehung zu Ihm stehen – auch wenn diese nicht selten verschüttet oder wenig lebendig ist.

Wir freuen uns, dass in relativ kurzer Zeit viele Menschen gute Erfahrungen mit unserem Kurs gemacht haben und ein Neudruck dieses Buches nötig wurde. Auf die erste Auflage aufbauend, haben wir das Teilnehmerheft in Text und Gestaltung überarbeitet sowie eine Reihe von Bildern eingefügt. Da der thematische Aufbau beibehalten und nur wenige Bibelstellen verändert wurden, können erste und zweite Auflage problemlos nebeneinander verwandt werden.

Gern danken wir allen, die uns bei der Erstellung dieses Buches unterstützten: Jenen, die bei der Gestaltung mitwirkten bzw. uns die Abdruckrechte gewährten, ebenso den vielen, die sich in Vallendar und andernorts auf den hier vorgestellten Glaubensweg eingelassen haben. Sie bestärken uns genauso in unserer Arbeit wie jene, die das „Projekt Neudruck" tatkräftig und im Gebet unterstützten.

In der Hoffnung, dass Gott selbst Sein Feuer immer wieder neu in uns entfacht, grüßen wir alle Leser dieses Buches herzlich.

Vallendar, im Advent 2007

P. Hubert Lenz SAC und *Irmgard Scholz*

Hinweise zum Umgang mit den Texten dieses Buches

- Das „Teilnehmerheft" zum Glaubenkurs will anregen und helfen, neue Schritte auf dem Weg des Suchens und Glaubens zu gehen. Ein wichtiger Bestandteil dieses Weges ist das Bemühen, sich täglich Zeit zur Besinnung zu nehmen (und zu gönnen). Für viele Menschen ist dies zunächst ungewohnt. Doch wird solch ein Innehalten mitten im Alltag nicht selten zu einer guten Erfahrung. Die Unterbrechung des täglichen Getriebes kann helfen, tiefer zu sich selbst zu finden und eine persönliche(re) Beziehung zu Gott zu suchen bzw. diese zu vertiefen.
Da sich die Texte als Anregung für solch ein Innehalten verstehen, ist es sinnvoll, sie nicht „in einem Rutsch" zu lesen.
- Das Buch enthält für jeden Tag eine Bibelstelle, weiterführende Texte sowie Impulse zum Bibellesen und zum Beten. Hinweise zur Gestaltung dieser **Besinnungszeit** finden Sie auf **S. 134ff.**
- Für die ersten Tage sind die **Bibeltexte** vollständig abgedruckt. Danach ist jeweils nur die Bibelstelle angegeben. Daher wird zum Lesen der Texte auch eine (vollständige) Bibel benötigt.
Personen, die sich im Umgang mit einer Bibel nicht sicher fühlen, finden auf **S. 135** Hinweise zum Zurechtfinden in der Bibel.
- Neben dem Lesen und Bedenken der Bibeltexte und der Anregungen, die für den jeweiligen Tag vorgesehen sind, ist es hilfreich, sich die eigenen Gedanken, Fragen ... zu notieren. Dafür finden Sie in diesem Buch immer wieder Leerzeilen. Manche Kursteilnehmer legen sich auch ein eigenes „**Kurs-Tagebuch**" an. Ein solches Heft bietet u. a. die Möglichkeit, jetzt oder später das Festgehaltene im Zusammenhang nachzulesen.
- Da die folgenden Texte sehr persönlich gehalten sind, haben wir als Anredeform das eher vertraute „**Du**" gewählt. Diese Anrede will nicht vereinnahmen, sondern persönlich ansprechen.
- Da das Entstehen bzw. Wachsen einer persönlicheren Beziehung zu Gott ein wichtiges Anliegen des Kurses ist, beginnen alle auf *Ihn* verweisenden Worte mit einem Großbuchstaben.
- Auch wenn für diese 2. Auflage der ursprüngliche Text vielfach überarbeitet wurde, können in einem Kurs beide Auflagen problemlos nebeneinander verwandt werden. Hinweise dazu auf S. 6.

Auf der Suche nach Gott –
„Es gibt noch Feuer unter der Asche ..."

1. Tag

Die nachfolgenden Texte enthalten Anregungen für eine tägliche Zeit der Besinnung. Solch ein Innehalten während des Tages ist eher ungewohnt. Versuche Dich dennoch darauf einzulassen und mache mit dieser täglichen „Auszeit" Deine eigenen Erfahrungen.

Nimm Dir insbesondere Zeit für das Bedenken der jeweiligen Bibelstelle. Heute ist diese dem Lukasevangelium entnommen (19,1-5):

„In jener Zeit kam Jesus nach Jericho und ging in die Stadt. Dort wohnte ein Mann namens Zachäus; er war der oberste Zollpächter und war sehr reich. Er wollte gern sehen, wer dieser Jesus sei, doch die Menschenmenge versperrte ihm die Sicht; denn er war klein. Darum lief er voraus und stieg auf einen Maulbeerfeigenbaum, um Jesus zu sehen, der dort vorbeikommen musste. Als Jesus an die Stelle kam, schaute er hinauf und sagte zu ihm: Zachäus, komm schnell herunter! Denn ich muss heute in deinem Haus zu Gast sein."

Bevor Du weiterliest, halte ein wenig inne:
Was spricht mich an?
Was fällt mir zu diesem Bibeltext ein ...?

Es kann hilfreich sein, die Bibelstelle nochmals zu lesen und dabei das, was auffällt oder wichtig erscheint, zu unterstreichen ...

Gott nimmt die Sehnsucht des Menschen ernst

Zachäus, der als Oberzöllner eine stadtbekannte Persönlichkeit ist, will Jesus sehen und klettert deshalb auf einen Baum. Wie viel an Neugier und Sehnsucht, wie viele Fragen und Erwartungen sind wohl in ihm, dass er das Risiko eingeht, dort im Baum zum Gespött der Leute zu werden!

Zachäus möchte wissen, was los ist.
Kenne ich von mir nicht Ähnliches? Habe nicht auch ich Fragen?

Vielleicht lebt in mir neben Freude und Erfüllung auch manches an Zweifel, Unsicherheiten oder unausgesprochener Sehnsucht:
- Es gibt Bereiche in meinem Leben, in denen ich erfüllt und glücklich bin. Ebenso gibt es aber auch Situationen, in denen ich mich wie leer und ausgebrannt fühle ...
- Vielleicht möchte ich meinem Leben mehr Tiefe und Intensität geben – möchte mit manchem innerlich besser fertig werden ...
- Manchmal regt sich in mir auch der Wunsch, aus der Routine des Alltags auszusteigen, mein Leben anders zu gestalten.
- Mir kommen Fragen wie: „Lohnt sich all mein Mühen und Arbeiten? Ist das, was ich tue, eigentlich sinnvoll, erfüllend ...?"
- Manches, was in der Gesellschaft, in Politik und Wirtschaft bzw. in der Kirche abläuft, ärgert mich, bereitet mir Sorgen ...
- Verschiedentlich habe ich auch an Gott meine Anfragen: Warum lässt Er dieses oder jenes zu? – Kümmert Er sich denn wirklich um uns Menschen?

Hat Dich beim Lesen und Nachsinnen der eine oder andere Gedanke stärker angesprochen?
Vielleicht möchtest Du Dir hier Notizen machen – oder aber Du legst Dir ein eigenes „Kurs-Tagebuch" an, in das Du Deine Gedanken, Fragen, Empfindungen ... hineinschreibst.

Schau Dir nochmals den Bibeltext des heutigen Tages (auf S. 9) an, bevor Du im Begleittext weiterliest.

Zachäus hält Ausschau nach Jesus. Was er von Jesus erwartet, wird nicht gesagt – vielleicht ist es ihm selbst nicht ganz klar.

Zachäus ist hoch auf den Baum geklettert, und innerlich streckt er sich vermutlich noch weiter aus. In diesem Suchen und Ausschau-Halten, in seiner Sehnsucht, bleibt er nicht unbeachtet: Jesus geht nicht an seinem Versteck vorüber, sondern schaut zu ihm hinauf, spricht ihn an, ja, fordert ihn auf: „Zachäus, komm schnell herunter! Denn ich muss heute in deinem Haus zu Gast sein."

1. Woche – Auf der Suche nach Gott

Nebenstehendes Bild zeigt uns einen Menschen, der sich, auf Zehenspitzen stehend, weit nach oben reckt.

Mit viel Sehnsucht im Herzen streckt er sich dem Boten Gottes und damit Gott selbst entgegen.

Möchte ich mich nicht auch zuweilen so ausstrecken wie der Mensch auf diesem Bild, wie Zachäus in der biblischen Erzählung ...

Jesus hat auf das Ausschau-Halten des Zachäus reagiert, hat ihn angesprochen, ist bei ihm eingekehrt. Jesus – und damit Gott selbst – kommt auf uns Menschen zu.

Auch das Bild spricht davon. Eine Lehrerin, die dieses „Sehnsuchts-Bild" mit Schülern angeschaut hatte, berichtete sinngemäß:

„Als ich dieses Bild einmal mit einer Schulklasse betrachtete, bemerkte ein Schüler, dass sein Nachbar das Bild verkehrt herum liegen hatte, und wies ihn darauf hin. Der schaute sich das Bild eine Weile an und sagte dann: ‚Aber dann hätte Gott ja auch Sehnsucht nach dem Menschen! Gott steht doch auch auf den Zehenspitzen.'"

Der Mensch auf der Suche nach Gott –
und Gott hat sich ihm schon längst entgegengestreckt ...

2. Tag

Bevor Du heute mit dem eigentlichen Lesen beginnst, halte einen Moment inne. Setze Dich entspannt hin und lausche auf die Stille bzw. auf die Geräusche, die an Dein Ohr dringen.
Spüre, wie Dein Atem kommt und geht ...
Wenn Du möchtest, kannst Du das Ein- und Ausatmen auch mit einem kleinen Gebet verbinden, indem Du innerlich sprichst:

„Gott – Du bist da." oder: *„Du bist da – und ich bin da."*

Lass Dir ruhig etwas Zeit für dieses kleine Gebet.

Gott begegnet uns in der Stille

Der Prophet Elija ist eine der großen Gestalten der Bibel, die sich voll Eifer und kompromisslos für Gott eingesetzt haben. Sein Engagement bewahrte aber auch ihn nicht davor, in einer äußerst bedrohlichen Situation verängstigt die Flucht zu ergreifen. Und danach ist ihm alles zu viel – er kann und will nicht mehr: „Nun ist es genug, Herr. Nimm mein Leben, denn ich bin nicht besser als meine Väter", betet er, legt sich unter einen Ginsterstrauch und schläft ein. Zweimal kommt dann ein Engel und stärkt Elija mit Brot und Wein:

„Da stand er (Elija) auf, aß und trank und wanderte, durch diese Speise gestärkt, vierzig Tage und vierzig Nächte bis zum Gottesberg Horeb. Dort ging er in eine Höhle, um darin zu übernachten. Doch das Wort des Herrn erging an ihn: Was willst du hier, Elija? Er sagte: Mit leidenschaftlichem Eifer bin ich für den Herrn, den Gott der Heere, eingetreten, weil die Israeliten deinen Bund verlassen, deine Altäre zerstört und deine Propheten mit dem Schwert getötet haben. Ich allein bin übrig geblieben, und nun trachten sie auch mir nach dem Leben.
Der Herr antwortete: Komm heraus und stell dich auf den Berg vor den Herrn! Da zog der Herr vorüber: Ein starker, heftiger Sturm, der die Berge zerriss und die Felsen zerbrach, ging dem Herrn voraus. Doch der Herr war nicht im Sturm. Nach dem Sturm kam ein Erdbeben. Doch der Herr war nicht im Erdbeben. Nach dem Beben kam ein Feuer. Doch der Herr war nicht im Feuer. Nach dem Feuer kam ein sanftes, leises Säuseln. Als Elija es hörte, hüllte er sein Gesicht in den Mantel, trat hinaus und stellte sich an den Eingang der Höhle."

(1 Könige 19, 8–13)

Womöglich hat dieser Bibeltext in Dir manche Fragen geweckt. Vielleicht interessieren Dich geschichtliche Hintergründe, oder Du möchtest mehr über die Person des Elija wissen ... Das Wissen um solche Details und die genauere Kenntnis der Hintergründe sind nicht nur interessant, sondern können hilfreich und wertvoll sein.

Im Blick auf den begonnenen Glaubensweg ist es jedoch sinnvoller, sich die Frage zu stellen: *„Was ist jetzt für mich wichtig – für mich ganz persönlich?"* Deshalb die Bitte, sich jetzt nicht von den Detail- oder Hintergrundfragen leiten zu lassen, sondern davon, ob und wo Du Dich durch das Wort der Heiligen Schrift persönlich angesprochen erfährst.

Vielleicht hältst Du nochmals inne, achtest auf Deinen Atem und sprichst/betest innerlich einige Male:

„Gott, was willst Du mir (heute) durch diese Bibelworte sagen?"

Vor der weiteren Beschäftigung mit dem folgenden Begleittext kann es hilfreich sein, nochmals obenstehende Bibelstelle zu lesen.

„Nach dem Feuer kam ein sanftes, leises Säuseln."
Als Elija dieses Säuseln hört, verhüllt er sein Angesicht und tritt vor die Höhle. Elija verlässt den Ort, wohin er sich geflüchtet hatte. Er lässt sich auf die neue Situation ein und erfährt: Gott will mir begegnen. Gott selbst ist in diesem Säuseln da – und Er ruft dem Propheten zu: „Was willst du hier, Elija?"
Elija – der sich in seiner schier aussichtslosen Situation den Tod gewünscht hatte – erfährt hautnah, dass Gott ganz konkret im eigenen Leben da ist und sich um ihn kümmert. Und aus der Erfahrung der Gegenwart Gottes erwächst ihm neue Hoffnung. Zunächst erfährt er Stärkung (durch den Engel mit Brot und Wein) – und anschließend erhält er sogar einen Auftrag und eine Verheißung. Mitten in seiner Enttäuschung und in seinem Selbstzweifel erfährt er, dass Gott auch jetzt noch etwas mit ihm vorhat ...

„Gott war nicht im Sturm, nicht im Feuer ..."
Elija wird bewusst, dass Gott in dieser stärkenden und verändernden Begegnung nicht „mit Pauken und Trompeten" auftritt, sondern aus der Stille heraus wirkt.

„Elija wird von einem Engel mit Brot und Wein gestärkt."
Auch heute will Gott uns stärken – z. B. durch das Wort der Heili-

gen Schrift. Und wie Elija sind auch wir eingeladen, uns beim Lesen der Heiligen Schrift auf „leise Töne" einzulassen – still zu werden und hinzuhorchen – um für Gottes Wort hellhörig zu werden.

Halte nochmals inne und spüre dem nach, was Dir jetzt wichtig ist. Horche auf Deine Empfindungen, auf Dein Suchen und Sehnen. Gott will auch Dir begegnen. Und wie den Elija fragt Er auch Dich: „Was willst Du?" Und wie Elija es tat, kannst auch Du Gott sagen, was Dir auf dem Herzen liegt, was Dich beschäftigt oder belastet. – Und sei gewiss: Auch für Dich hat Gott Verheißungen und Aufgaben – selbst, wenn Du dies im Moment vielleicht noch nicht siehst.

---

3. Tag

Setze Dich entspannt hin und mache Dir bewusst, dass Gott anwesend ist ... – Womöglich fällt es Dir schwer, so konkret an Gottes Gegenwart zu glauben – Er ist ja nicht zu sehen! Ein kleines Zeichen kann da hilfreich sein, beispielsweise eine brennende Kerze, die zum Ausdruck bringt: „Jesus selbst ist zugegen, Er ist da!"

Falls Du eine Kerze angezündet hast, schau auf die brennende Flamme oder schließe die Augen und sprich innerlich einige Male:

„Jesus – Du bist da."

Du kannst dieses Gebet wieder mit Deinem Atmen verbinden: Sprich beim Einatmen: *„Jesus"* und beim Ausatmen: *„Du bist da."* Denke/Bete so mehrmals im Rhythmus Deines Atmens. Wie von der Luft können wir uns auch von Jesu Gegenwart erfüllen lassen ...

„Jesus – Du bist da."

Wende Dich nun dem heutigen Bibeltext zu:

> *„In jener Zeit ging Jesus in eine Stadt namens Naïn; seine Jünger und eine große Menschenmenge folgten ihm. Als er in die Nähe des Stadttors kam, trug man gerade einen Toten heraus. Es war der einzige Sohn seiner Mutter, einer Witwe. Und viele Leute aus der Stadt begleiteten sie. Als der Herr die Frau sah, hatte er Mitleid mit ihr*

und sagte zu ihr: Weine nicht! Dann ging er zu der Bahre hin und fasste sie an. Die Träger blieben stehen, und er sagte: Ich befehle dir, junger Mann: Steh auf! Da richtete sich der Tote auf und begann zu sprechen, und Jesus gab ihn seiner Mutter zurück. Alle wurden von Furcht ergriffen; sie priesen Gott und sagten: Ein großer Prophet ist unter uns aufgetreten: Gott hat sich seines Volkes angenommen. Und die Kunde davon verbreitete sich überall in Judäa und im ganzen Gebiet ringsum."

(Lukas 7,11–17)

Nimm Dir Zeit und verweile bei den Worten oder Sätzen, die Dich ansprechen. Unterstreiche oder notiere Dir vor dem Weiterlesen, was Dir bei diesem Bibeltext sozusagen „ins Auge springt".

Gott nimmt sich Seines Volkes an

Jesus begegnet einem Leichenzug. Er sieht die trauernde Mutter, die damals durch den Verlust von Mann und Sohn gesellschaftlich ein „Niemand" geworden war. Jesus sieht nicht nur den Schmerz über den Verlust des Sohnes, sondern blickt tiefer: Er erkennt, dass diese Frau rechtlos und schutzlos geworden ist.

Er empfindet tiefes Mit-Leid – und handelt! Und dabei setzt Er zugleich ein Zeichen: Jesus erweckt nicht nur den Toten zum Leben, sondern gibt ihn auch, wie es ausdrücklich heißt, „seiner Mutter zurück". Welche Fürsorge und auch welche Achtung vor der Frau drücken sich in diesem Tun aus! Die Menschen, die dies miterleben, erkennen: „Gott hat sich seines Volkes angenommen."

Der Mensch, ja das Schicksal jedes einzelnen Menschen, ist Gott nicht gleichgültig. Durch Jesus wird dies hautnah erfahrbar: Er wendet sich den Trauernden zu, richtet sie auf, bringt Licht in ihre Dunkelheit. Jesus sieht den am Boden Liegenden, stärkt ihn und sagt: „Steh auf!"

War das nur damals so – oder gilt auch heute noch, dass Gott sich der Menschen annimmt? Handelt Jesus auch heute? Ist Er auch an mir interessiert?

Vielleicht lebt in mir der Wunsch, mehr über Jesus zu erfahren – und ich sehne mich nach (intensiverer) Beziehung zu Ihm ...

Mit diesem Wunsch können zugleich auch mancherlei Zweifel

und Ängste aufsteigen – Empfindungen, welche die eigene Sehnsucht zurückhalten können. Doch auch mit Abwehr im Herzen darf ich mich Jesus nähern – Er schaut mich nicht weniger wohlwollend an. Ihm gegenüber kann ich mich zeigen, wie ich bin. Er leidet mit mir – gerade an dem, was mich bedrückt, was mir Angst macht, was mich zögern lässt.

Möglicherweise glaube ich zwar grundsätzlich an Gott, doch ist Er mir innerlich eher fremd ... – Vielleicht ist in mir aber auch ein Interesse oder eine Sehnsucht, Gott näher kennenzulernen ...

„Gott – Dich suche ich.
Zeige Dich mir so, wie Du wirklich bist!"

Lies – wenn möglich – noch einmal den Bibeltext und notiere Dir den Gedanken oder Satz, der Dich besonders angesprochen hat.

---

4. Tag

Hast Du schon den für Dich passenden Ort für diese tägliche „Zeit für Dich und Zeit mit Gott" gefunden – einen Ort, wo Du nicht zu sehr abgelenkt wirst und Dein Blick nicht gerade auf das fällt, was Du eigentlich „schon längst" hättest tun wollen oder sollen? Probier einfach aus, was hilfreich ist und Dich zur Ruhe und Begegnung mit Gott führt. Setze Dich aber bezüglich der Besinnungszeit nicht unter Druck. Gestalte sie so, wie es für Dich gut und stimmig ist!

Vielleicht zündest Du (auch heute) eine Kerze an oder legst ein kleines Kreuz oder ein Jesus-Bild vor Dich hin und beginnst wieder mit dem Atemgebet:

„Jesus – Du bist da."

Bete so mehrmals (innerlich) im Rhythmus Deines Ein- und Ausatmens.

Vielleicht hast Du schon die Erfahrung gemacht, dass solch ein Gebet auch eine gute Vorbereitung auf das Lesen der Bibel sein kann.

„Es war vor dem Paschafest. Jesus wusste, dass seine Stunde gekommen war ... Da er die Seinen, die in der Welt waren, liebte, erwies er ihnen seine Liebe bis zur Vollendung. Es fand ein Mahl statt, und der Teufel hatte Judas, dem Sohn des Simon Iskariot, schon ins Herz gegeben, ihn zu verraten und auszuliefern. Jesus ... stand vom Mahl auf, legte sein Gewand ab und umgürtete sich mit einem Leinentuch. Dann goss er Wasser in eine Schüssel und begann, den Jüngern die Füße zu waschen und mit dem Leinentuch abzutrocknen, mit dem er umgürtet war. Als er zu Simon Petrus kam, sagte dieser zu ihm: Du, Herr, willst mir die Füße waschen? Jesus antwortete ihm: Was ich tue, verstehst du jetzt noch nicht; doch später wirst du es begreifen. Petrus entgegnete ihm: Niemals sollst du mir die Füße waschen! Jesus erwiderte ihm: Wenn ich dich nicht wasche, hast du keinen Anteil an mir. Da sagte Simon Petrus zu ihm: Herr, dann nicht nur meine Füße, sondern auch die Hände und das Haupt."

(Johannes 13,1–9)

Achte auf das, was der Text in Dir auslöst. Frage Dich wieder:
- Was springt mir ins Auge?
- Welche Worte sprechen mich heute besonders an?

Bevor Du die folgenden Anregungen liest, verweile ruhig noch etwas bei Deinen eigenen Gedanken und Empfindungen ...

Er erwies ihnen Seine Liebe bis zur Vollendung

Der Drang nach Anerkennung, Geltung, Stellung, Macht prägt oftmals unser menschliches Denken und Handeln. So berichtet das Lukasevangelium, wie sich die Jünger Jesu am Gründonnerstag beim Abendmahl stritten, wer von ihnen der Größte sei (Lukas 22,24–30). Doch Jesus zeigt einen anderen Weg: Er, der Meister, steht auf und verrichtet an Seinen Jüngern den Sklavendienst des Füßewaschens. Eine Tätigkeit, die bis heute weder Chef- noch Ehrensache ist.

Doch Jesus tut es. Eigentlich typisch für Ihn, dessen ganzes Sein und Leben einem Sich-Herabbeugen zu uns Menschen gleicht. Denn Er, der Sohn Gottes, wurde Mensch, kam in der Armseligkeit eines Stalles zur Welt, lebte jahrzehntelang wie jeder andere Mensch – mit Freude und Leid. Und zuletzt wurde Er sogar, obwohl unschuldig, hingerichtet wie ein Verbrecher.

Ja, Gott hat sich in Jesus wirklich ganz und ohne Vorbedingungen auf unser menschliches Leben eingelassen. Wie sehr liegen wir Ihm doch am Herzen!

Wir Menschen denken oft: „Was hast Du geschenkt – was ‚muss' ich Dir jetzt schenken?" Gottes Liebe ist aber weder berechnend noch auf sich bedacht. Gott schenkt einfach – wirklich „gratis"!
Ahne ich, was Liebe heißt? Will ich mich auf diese Zuwendung einlassen?

Das Evangelium berichtet, wie Petrus abwehrt, als Jesus ihm die Füße waschen will: „Das geht doch nicht! Wie kann ich mir von Dir die Füße waschen lassen. Das stellt ja alle Maßstäbe auf den Kopf!"

Ja – Jesus stellt unsere menschlichen Maßstäbe auf den Kopf. Wie zu Petrus sagt Er auch uns: „Gemeinschaft mit Gott findet Ihr nur, wenn Ihr Euch von Gott lieben lasst. Nur wer sich auf Gottes Zuwendung einlässt, wird an Seinem Leben Anteil haben."
Petrus wird in seiner tiefsten Sehnsucht getroffen – wünscht er sich doch nichts sehnlicher als solch innige Gemeinschaft mit Jesus: „... nicht nur meine Füße, sondern auch die Hände und das Haupt".

Sehne auch ich mich nach Gemeinschaft mit Jesus? Bin ich bereit, Ihn an mich heranzulassen – mich von Ihm „gratis" lieben zu lassen – oder ängstigt mich dieser Gedanke?
Vielleicht habe ich die Vorstellung, dass ich Gott gegenüber erst etwas vorweisen muss oder sollte, bevor Er mich beschenkt ...

„Jesus, Du hast Deinen Jüngern die Füße gewaschen –
sogar dem Judas, der Dich dann verriet.
Deine Liebe zu uns ist unermesslich groß.
Auch mich willst Du beschenken, willst mir Gemeinschaft schenken.
Ich aber bin unsicher, ob ich Dir trauen kann
und mich auf Dich einlassen soll/will.
Doch in mir ist Sehnsucht –
Sehnsucht nach Mehr, nach Leben, nach Dir ..."

Lies nach Möglichkeit erneut die heutige Bibelstelle. Frage Dich: „Was will Gott – was willst Du, Gott, mir heute damit sagen?"

5. Tag

Vielleicht hast Du inzwischen die tägliche Besinnungszeit als heilsame Alltags-Unterbrechung erleben können. Herzliche Einladung, Dir auch heute diese Zeit zu nehmen.

Halte einen Moment inne, achte auf Deinen Atem und sprich/bete:

„Jesus – Du bist da."

Auch wenn es Dir schwerfällt, an Jesu Gegenwart hier und jetzt zu glauben – versuche dennoch, im Rhythmus Deines Atmens mehrmals (innerlich) diese Worte zu sprechen. Sie können für Dich ein Gebet der Sehnsucht sein und bedeuten:

„Gott, an Deine Gegenwart zu glauben fällt mir schwer.
Aber ich möchte daran glauben können.
Ich möchte Dir begegnen.
Hilf mir und sei mir jetzt nahe."

Unsere heutige Bibelstelle berichtet von den Anfängen des öffentlichen Wirkens Jesu:

„Jesus kehrte, erfüllt von der Kraft des Geistes, nach Galiläa zurück. Und die Kunde von ihm verbreitete sich in der ganzen Gegend. Er lehrte in den Synagogen und wurde von allen gepriesen. So kam er auch nach Nazaret, wo er aufgewachsen war, und ging, wie gewohnt, am Sabbat in die Synagoge.
Als er aufstand, um aus der Schrift vorzulesen, reichte man ihm das Buch des Propheten Jesaja. Er schlug das Buch auf und fand die Stelle, wo es heißt: Der Geist des Herrn ruht auf mir; denn der Herr hat mich gesalbt. Er hat mich gesandt, damit ich den Armen eine gute Nachricht bringe; damit ich den Gefangenen die Entlassung verkünde und den Blinden das Augenlicht; damit ich die Zerschlagenen in Freiheit setze und ein Gnadenjahr des Herrn ausrufe.
Dann schloss er das Buch, gab es dem Synagogendiener und setzte sich. Die Augen aller in der Synagoge waren auf ihn gerichtet. Da begann er, ihnen darzulegen: Heute hat sich das Schriftwort, das ihr eben gehört habt, erfüllt."

(Lukas 4,14–21)

Jesus kommt in Seine Heimat Galiläa zurück und spricht zu den Menschen. Wer mag dieser Jesus sein, der so kraftvoll lehrt und von allen erwartungsvoll angeschaut wird?

Auch ich bin eingeladen, auf Ihn zu schauen, Ihm zuzuhören ... – mich auf Sein Wort, auf Seine Verheißungen einzulassen.

Markiere Dir bei einem erneuten Lesen der Bibelstelle wieder, was Dir „ins Auge springt": Eigentümliches, Frohmachendes, Unverstandenes, ein besonderes Wort, eine Frage ...

Jesus – zu Gefangenen, Blinden und Zerschlagenen gesandt

Machtvoll tritt Jesus auf, Sein Wort spricht die Menschen an. Sie sind beeindruckt, horchen auf und erleben: Dieser Jesus bezieht die verheißungsvollen Worte des Propheten Jesaja auf sich: „Er hat *mich* gesandt ..." Und Jesus handelt auch nach diesem Wort!

Das war damals – doch was ist heute?
Handelt Jesus auch heute? Ist Er auch zu mir gesandt?
Will ich das überhaupt? Fühle auch ich mich angesprochen, wenn von Armen, Gefangenen, Blinden, Zerschlagenen ... die Rede ist?

Jesus sagt: „*Heute* hat sich dieses Schriftwort erfüllt!" Und diese Verheißung gilt auch uns – genau so wie damals vor 2000 Jahren!

Kann ich glauben, dass sich dieses Wort auch heute unter uns erfüllt, sogar konkret in meinem Leben? Erwarte ich etwas von Jesus?

Er selbst lädt dazu ein, fordert direkt auf: „Kommt alle zu mir, die ihr euch plagt und schwere Lasten zu tragen habt" (Matthäus 11,28).

Gibt es „schwere Lasten", die ich zu tragen habe?

- Vielleicht Krankheit, Enttäuschungen, belastende oder zerbrochene Beziehungen, Ablehnung, Verleumdung ...,
- beruflichen Stress, Mobbing, Arbeitslosigkeit ...,
- ungute Erfahrungen, mit denen ich nicht fertig werde ...,
- Abhängigkeiten von Menschen, Dingen, Rauschmitteln ...,
- Sorgen und Ängste um meine Zukunft ...

Kann ich glauben bzw. möchte ich glauben können, dass da jemand ist, der mir beistehen und mich aufrichten möchte?

Versuche Jesus gegenüber Deine Sehnsucht, Deine Bitten und Erwartungen zum Ausdruck zu bringen. Du kannst dies in einfachen Worten tun (vielleicht auch schriftlich), in einem Gebet, in einem Bild oder einer körperlichen Geste.

6. Tag

Betrachte nochmals das „Sehnsuchtsbild" (Seite 11).
Versuche, Dein persönliches Sehnen und Suchen als Gebet zu formulieren – mit Hilfe der folgenden Sätze oder mit eigenen Worten:

„Gott, Du mein Gott, nach Dir sehne ich mich.
Dich möchte ich näher kennenlernen.
Dir möchte ich begegnen.
Lass mich glauben, dass Du wirklich da bist,
auch in Zeiten, in denen es mir schwer ums Herz ist.
Lass mich Deiner Gegenwart trauen.
Sei Du mir Licht auf meinem Weg. Amen."

Jesus geht mit

„Am ersten Tag der Woche waren zwei von den Jüngern Jesu auf dem Weg in ein Dorf namens Emmaus, das sechzig Stadien von Jerusalem entfernt ist. Sie sprachen miteinander über all das, was sich ereignet hatte. Während sie redeten und ihre Gedanken austauschten, kam Jesus hinzu und ging mit ihnen. Doch sie waren wie mit Blindheit geschlagen, so dass sie ihn nicht erkannten.

Er fragte sie: Was sind das für Dinge, über die ihr auf eurem Weg miteinander redet? Da blieben sie traurig stehen, und der eine von ihnen – er hieß Kleopas – antwortete ihm: Bist du so fremd in Jerusalem, dass du als einziger nicht weißt, was in diesen Tagen dort geschehen ist? Er fragte sie: Was denn? Sie antworteten ihm: Das mit Jesus aus Nazaret. Er war ein Prophet, mächtig in Wort und Tat vor Gott und dem ganzen Volk. Doch unsere Hohenpriester und Führer haben ihn zum Tod verurteilen und ans Kreuz schlagen lassen. Wir aber hatten gehofft, dass er der sei, der Israel erlösen werde. Und dazu ist heute schon der dritte Tag, seitdem das alles geschehen ist. Aber nicht nur das: Auch einige Frauen aus unserem Kreis haben uns in große Aufregung versetzt. Sie waren in der Frühe beim Grab, fanden aber seinen Leichnam nicht. Als sie zurückkamen, erzählten sie, es seien ihnen Engel erschienen und hätten gesagt, er lebe. Einige von uns gingen dann zum Grab und fanden alles so, wie die Frauen gesagt hatten; ihn selbst aber sahen sie nicht.

Da sagte er zu ihnen: Begreift ihr denn nicht? Wie schwer fällt es euch, alles zu glauben, was die Propheten gesagt haben. Musste nicht der Messias all das erleiden, um so in seine Herrlichkeit zu gelangen? Und er legte ihnen dar, ausgehend von Mose und allen Propheten, was in der gesamten Schrift über ihn geschrieben steht. So erreichten sie das Dorf, zu dem sie unterwegs waren.

Jesus tat, als wolle er weitergehen, aber sie drängten ihn und sagten: Bleib doch bei uns; denn es wird bald Abend – der Tag hat sich schon geneigt. Da ging er mit hinein, um bei ihnen zu bleiben. Und als er mit ihnen bei Tisch war, nahm er das Brot, sprach den Lobpreis, brach das Brot und gab es ihnen. Da gingen ihnen die Augen auf, und sie erkannten ihn; dann sahen sie ihn nicht mehr.

Und sie sagten zueinander: Brannte uns nicht das Herz in der Brust, als er unterwegs mit uns redete und uns den Sinn der Schrift erschloss? Noch in derselben Stunde brachen sie auf und kehrten nach Jerusalem zurück, und sie fanden die Elf und die anderen Jünger versammelt. Diese sagten: Der Herr ist wirklich auferstanden und ist dem Simon erschienen. Da erzählten auch sie, was sie unterwegs erlebt und wie sie ihn erkannt hatten, als er das Brot brach."

(Lukas 24,13–35)

Zwei Jünger auf dem Weg nach Emmaus. Entsetzt, durcheinander und ratlos wie sie sind, können sie das, was in Jerusalem geschehen ist, einfach nicht fassen. Sie hatten doch so auf Jesus gesetzt! Und nun diese Enttäuschung! Zwar gab es den Bericht der Frauen vom leeren Grab. Aber: Kann man das überhaupt ernst nehmen?! Wird der Schmerz nicht noch größer, wenn auch diese neue Hoffnung wieder wie eine Seifenblase zerplatzt?

Um mit Jesus unterwegs sein zu können, hatten die beiden vieles aufgegeben. Angefeuert durch den großen Zuspruch, den Jesus erhielt, und begeistert von der Sendung, die Er von Gott bekommen hatte, hatten sie ihr Zuhause verlassen und sich mit Elan und Engagement für Jesus eingesetzt. Nun aber sieht alles anders aus! Sie erfahren, wie es ist, wenn man vom Leben enttäuscht wird ...

Kenne ich nicht auch Begeisterung für einen Menschen oder eine gute Sache – sowie Freude und Erfüllung beim Engagement für etwas, das mir wichtig ist? Möglicherweise weiß ich auch von Menschen, die schon einmal ganz bewusst auf Gott gesetzt haben ...

Vielleicht lebt in mir aber auch das andere: zerschlagene Hoffnungen, Enttäuschung, Wut, Resignation ...
Da gibt es Enttäuschungen in der Familie, im Freundeskreis, am Arbeitsplatz, in Kirche und Gemeinde. – Gerade beim Blick auf die Situation der Kirche kann mancherlei Resignation aufkommen. Viele Bemühungen um ein lebendiges Gemeindeleben bleiben fruchtlos, der Altersdurchschnitt der Gottesdienstbesucher steigt Jahr für Jahr, ihre Anzahl aber nimmt stetig ab.
Wohl gibt es viele, die sich engagieren. Weltjugendtage und ähnliche Veranstaltungen erfahren großen Zuspruch; mancherorts ist von neuen Aufbrüchen die Rede. Doch die Alltagserfahrung sieht oft anders aus. Und auf manche Rede vom Neuaufbruch reagiert man eher wie die Jünger auf die Worte der Frauen vom leeren Grab.

Was tun, wenn Hoffnungen und Enttäuschungen, Ermutigendes und Bedrückendes so nahe beieinanderliegen ...?

Die beiden „Emmausjünger" schlucken ihre Enttäuschung nicht runter, sondern machen ihren Herzen Luft. Und plötzlich taucht da ein scheinbar Fremder auf, nimmt an ihrem Gespräch teil. Dieser Fremde interessiert sich, fragt nach, geht auf ihren Ärger ein.

Noch merken sie es nicht – aber es ist Jesus, der da mitgeht! Es ist Jesus, der offen ist für ihre Not. Es ist Jesus, bei dem sie ihr Herz ausschütten können.
Jesus ließ sich nicht nur damals auf das Unverständnis und die Enttäuschung dieser beiden ein – Er ist auch offen für unsere Nöte und Enttäuschungen, für meine Fragen und für meinen Ärger.

Was bewegt oder bedrückt mich, wo ist mein Herz von Ärger oder Enttäuschung besetzt?
Was würde aus mir heraussprudeln, wenn sich jemand so wie Jesus für mich und meine Nöte interessierte?

Lies nochmals den Bibeltext – und wenn Du genügend Zeit hast, auch die folgenden ergänzenden Gedanken:
Die Bibel berichtet hier von zwei Menschen, die mitten in Enttäuschung und Ärger eine innere Wende erfahren. Zwar wird das Geschehene nicht verändert, aber sie lernen durch und mit Jesus das, was geschehen war, in einem neuen Zusammenhang zu sehen. „Musste nicht der Messias all das erleiden …?", gibt Jesus zu bedenken. Die Jünger erleben, wie Er mit ihnen „ins Gespräch kommt". Sie lassen sich auf Seine für sie ungewohnte Sichtweise ein. Ihr Herz beginnt erneut zu brennen – sie sehen wieder Sinn in ihrem Leben. Die Nähe Jesu, die Gemeinschaft mit Gott, verwandelt.

Ja, Gott ist da – auch dann, wenn wir es nicht vermuten! Er lässt sich auf uns ein. Er hat ein Ohr für unsere Enttäuschungen, für unseren Ärger und unsere Wut. Wir brauchen uns nicht zu schämen oder zu verstecken – wir können Ihm das Herz ausschütten.
Kannst Du Dir vorstellen, dass Jesus auch in Deinem Leben da ist und mitgeht – sogar dort, wo Du Ihn nicht vermutest?
Kannst Du Dir vorstellen, dass Er auch Dir neue Sichtweisen eröffnen kann, Dich nicht allein lässt, Türen öffnet, wo Du nicht mehr weiterweißt? Vielleicht steigen in Dir Zweifel auf, ob Jesus wirklich so konkret gegenwärtig ist und wirkt. Verständliche Zweifel – mit denen wir in bester Gesellschaft sind: Auch die Jünger zweifelten …

Die beiden brauchten Zeit, bis sie begriffen, dass Jesus tatsächlich lebt und da ist. Jesus lässt ihnen diese Zeit! – Und da geschieht es: Sie erkennen Ihn! Rückblickend wird ihnen dann bewusst, dass ihr Herz schon längst brannte … Bei aller Enttäuschung glühte auch in ihrem Herzen „noch Feuer unter der Asche". Die Begegnung mit Jesus hat dieses Feuer neu entfacht.
So eilen die beiden mit neuer Freude zurück nach Jerusalem, um auch den anderen von ihren Erfahrungen zu erzählen.

„Jesus geht mit." – Gilt das nur für damals, oder kann es auch heute wahr sein – in meinem Leben und in unseren Gemeinden?

7. Tag: Rückblick

Blicke noch einmal zurück auf die vergangene Woche. Was hat Dich angesprochen? Gab es Dinge, die Dich befremdet haben? Welche Gedanken waren/sind Dir wichtig?

Unsere Sehnsucht nach Liebe – mehr als nur ein Traum?!

In der Zeit des Glaubenskurses bist Du eingeladen, täglich einen Psalm zu beten, und zwar eine Woche lang jeweils den gleichen (daher „Wochenpsalm" genannt). Dieser „Wochenpsalm" bildet immer den Beginn der Texte für die neue Woche.
(Hinweise zum Psalmbeten und zur Gestaltung Deiner persönlichen Besinnungszeit findest Du auf Seite 134ff.)

Wochenpsalm

Der Herr ist mein Hirte, *
nichts wird mir fehlen.
    Er lässt mich lagern auf grünen Auen *
    und führt mich zum Ruheplatz am Wasser.
Er stillt mein Verlangen; *
er leitet mich auf rechten Pfaden, treu seinem Namen.
    Muss ich auch wandern in finsterer Schlucht, *
    ich fürchte kein Unheil;
denn du bist bei mir, *
dein Stock und dein Stab geben mir Zuversicht.
    Du deckst mir den Tisch *
    vor den Augen meiner Feinde.
Du salbst mein Haupt mit Öl, *
du füllst mir reichlich den Becher.
    Lauter Güte und Huld werden mir folgen mein Leben lang *
    und im Haus des Herrn darf ich wohnen für lange Zeit.
Ehre sei dem Vater und dem Sohn *
und dem Heiligen Geist,
    wie im Anfang, so auch jetzt und alle Zeit *
    und in Ewigkeit. Amen.

(Psalm 23; GL 718)[1]

---

[1] Die Texte der Wochenpsalmen sind dem Katholischen Gebet- und Gesangbuch „Gotteslob" (GL) entnommen.

1. Tag

Suche Dir einen ruhigen Platz. Der Blick auf eine brennende Kerze, ein Kreuz oder ein Bild kann helfen, Dich zu sammeln. Diese Symbole können und wollen auch an die Gegenwart Gottes erinnern.

Horche auf Deinen Atem. Sprich/Bete (innerlich) beim Einatmen: *„Jesus"* und beim Ausatmen: *„Du bist da."*
Wiederhole dieses kleine Atemgebet einige Male:

„Jesus – Du bist da!"

Wende Dich nun dem „Wochenpsalm" zu (Seite 25). Lies/Bete ihn langsam und lass Dir Zeit. Verweile bei dem Psalm, wiederhole Worte oder Sätze, die Dich ansprechen, ein- oder zweimal (laut oder leise), bevor Du hier weiterliest:

Unsere Sehnsucht nach Liebe – mehr als nur ein Traum?!

Immer wieder zeigt die Bibel auf, wie Jesus, der menschgewordene Sohn Gottes, sich total auf unser Menschsein einlässt. Er nimmt keine Privilegien für sich in Anspruch, will keine Sonderrolle, sondern wird wirklich „einer von uns". So lässt Er sich auch – obwohl Er frei ist von jeder Sünde – im Jordan taufen. Aus Solidarität mit uns Menschen reiht sich Jesus in die Schar der Sünder ein. Das Markusevangelium (Kapitel 1, Verse 4.5.9-11) berichtet:

„Johannes der Täufer trat in der Wüste auf und verkündigte Umkehr und Taufe zur Vergebung der Sünden. Ganz Judäa und alle Einwohner Jerusalems zogen zu ihm hinaus; sie bekannten ihre Sünden und ließen sich im Jordan von ihm taufen.
In jenen Tagen kam Jesus aus Nazaret in Galiläa und ließ sich von Johannes im Jordan taufen. Und als er aus dem Wasser stieg, sah er, dass der Himmel sich öffnete und der Geist wie eine Taube auf ihn herabkam. Und eine Stimme aus dem Himmel sprach: Du bist mein geliebter Sohn, an dir habe ich Gefallen gefunden."

Sich in die Schar der Sünder einzureihen, mag damals am Jordan für manch einen ein schwerer Schritt gewesen sein: Mit der Bitte, von Johannes getauft zu werden, wird ja zugleich die eigene Sündhaftigkeit bekannt. Mancher mag das als persönlichen Makel, als

Blamage gesehen haben. Jesus aber ist bereit, sich zu „blamieren". Er, der Sohn Gottes, solidarisiert sich mit uns.

Jesus solidarisiert sich auch mit mir – mit einem Menschen, der gute Eigenschaften, aber auch etliches an Fehlern hat, und Er bekundet mir so Sein Zu-mir-Stehen und Seine Liebe.

Lies nochmals den Bibeltext. Du kannst das, was Dir „ins Auge springt" oder was Dich berührt, im Text unterstreichen. Vielleicht willst Du Dir auch einiges notieren – sei es in einem speziellen „Kurs-Tagebuch" oder auf den folgenden Zeilen.

Jesus – obwohl frei von aller Schuld – reiht sich in die Schar der Sünder ein, steht selbst als Sünder da. Damit setzt Er ein Zeichen, bekundet Seine Verbundenheit mit uns Menschen und Seine Liebe zu uns. Und in diesem Moment öffnete sich der Himmel und „eine Stimme sprach: Du bist mein geliebter Sohn, an dir habe ich Gefallen gefunden". Der Himmlische Vater bestätigt und bekräftigt die Solidaritäts- und Liebesbekundung des Sohnes.

Mit Seiner Zusage: „Du bist mein geliebter Sohn, an dir habe ich Gefallen gefunden" gibt Gott auch eine Antwort auf unsere urmenschliche Sehnsucht nach Annahme und Bejahung. Wir Menschen tragen ja in uns ein tiefes Suchen nach Glück und innerer Erfüllung – letztlich danach, sowohl geliebt zu werden als auch selbst lieben zu können

Aber: Kann diese Sehnsucht überhaupt Erfüllung finden? Gibt es echte und bedingungslose Liebe – oder jagen wir da einem Traum nach?

In der Taufe Jesu offenbart sich Gott als Der, welcher auch in der Situation von Sünde und Schuld, in der viele Menschen sich selbst nicht mehr bejahen können, bedingungslos zu uns steht. In Seinem Handeln spricht Gott zu jedem von uns: „Du, ich stehe zu Dir, einfach so, aus Liebe zu Dir!"

Was dieses „einfach so, aus Liebe zu Dir" bedeutet, kann die folgende Episode aus dem Schulalltag verdeutlichen:

Der Rektor meint, die Kinder der 3. Klasse sollten nun allmählich zu den Lehrkräften „Sie" sagen. Nach einiger Zeit haben sich auch fast alle an das „Sie" gewöhnt – nur der kleine Max nicht, der bleibt stur beim „Du". Da greift die Lehrerin zu ihrem letzten „pädagogischen Mittel": Fünfzigmal soll Max schreiben: „Ich muss zur Lehrerin ‚Sie' sagen." – „Das wird wohl nutzen", hofft diese. Am nächsten Morgen fragt sie Max nach seinem Heft. Stolz zeigt er es ihr. Sie schaut hinein und sagt: „Max, das hast Du ja sehr schön geschrieben – und nicht nur fünfzigmal, sondern sogar hundertmal. Warum das denn?" – „Weil Du es bist!"

In diesem „Weil Du es bist" schwingt viel mit. Es ist sozusagen das Ur-Wort, die unaufhörliche Liebeszusage Gottes an jeden von uns: „Ich habe Dich ins Leben gerufen – weil Du es bist! Ich stehe zu Dir – weil Du es bist! Ich begleite Dich Tag für Tag – weil ...!"

Gott, der jeden von uns aus Liebe ins Leben rief, hat so unserem Leben nicht nur einen Grund, sondern auch ein Ziel gegeben: Liebesfähig sollen wir werden – fähig, (Seine) Liebe anzunehmen und auch selbst lieben zu können. Deshalb erfahren wir in uns eine so große Sehnsucht nach Liebe. Deshalb sind wir dann besonders erfüllt und glücklich, wenn wir etwas von dieser Liebe spüren. Sie ist sozusagen das Wasserzeichen, der rote Faden unseres Lebens.

Zu allen Zeiten haben Menschen darüber nachgedacht, was wohl letztlich das Eigentliche (das „Wesen") von Gott und Mensch ist und was diese miteinander verbindet. Dieses wirklich zu erkennen, vermögen wir aus eigener Kraft heraus freilich nicht. Doch lässt Gott uns nicht im Ungewissen: *Er* hat sich uns zu erkennen gegeben. In Jesus, Seinem Sohn, hat Er uns Sein Innerstes, Sein Wesen, kundgetan und sich selbst als Liebe offenbart.

Auf der folgenden Seite wird der Gedanke „Gott, Urgrund aller Liebe" noch etwas entfaltet.
Fühle Dich frei, weiterzulesen oder Deine Besinnung hier (vielleicht mit einem kleinen Gebet) zu beenden.

Gott – Urbild und Urgrund aller Liebe

Jesus hat uns Gott als Den kundgetan, der immer schon in liebender Beziehung lebt. Als „Dreifaltiger" ist Er, der *eine* Gott, in sich selbst lebendige und erfüllte Gemeinschaft: Der Vater liebt den Sohn, der Sohn schenkt sich ganz dem Vater – und die Atmosphäre und Dynamik der Liebe zwischen Beiden ist der Heilige Geist. 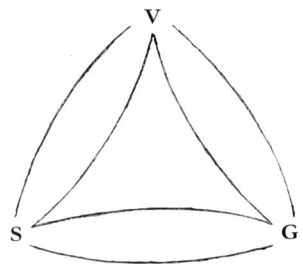 In sich selbst lebt und vollzieht Gott unentwegt ein gegenseitiges Sich-(Ver-)Schenken, liebende Hingabe und totale Bejahung.

So in sich selbst erfüllt, hat Gott für Sein Glücklichsein niemanden „nötig". Er „braucht" uns Menschen nicht! Er „braucht" niemanden, der Ihn anbetet, der Ihm dient! Und doch hat Er uns geschaffen! Warum? Einzig und allein aus Liebe! Einzig und allein um unsertwillen hat Er uns ins Leben gerufen und sogar „mit Herrlichkeit und Ehre gekrönt" (Psalm 8): Würde und gottähnliche Größe hat Er uns geschenkt. Mehr noch: Er, unser Gott und Schöpfer, liebt uns so sehr, dass Er uns sogar „zu Diensten" sein will: „Ich bin der, der für euch da ist", sagt Gott von sich selbst.

Dadurch, dass Gott jeden von uns aus Liebe und als „Sein Abbild" geschaffen und je einzigartig gestaltet hat, stiftete Er unserem Leben auch einen tiefen Sinn ein: In uns, dem „Abbild Gottes", lebt die Dynamik, Ihm immer ähnlicher zu werden! Das ist es, was im Tiefsten unsere Identität ausmacht und sich zugleich nach Erfüllung sehnt: Wir sind zur Teilhabe an Seiner göttlichen Lebens- und Liebesgemeinschaft gerufen!

Liebesfähig zu werden, wirklich lieben zu lernen, ist letztlich Sinn und Erfüllung unseres menschlichen Lebens.
Ein Theologe (R. v. St. Viktor) hat dies so ausgedrückt: „Der Dreifaltige Gott, der in sich Liebe ist und Liebe lebt, will *‚Mitliebende'*."

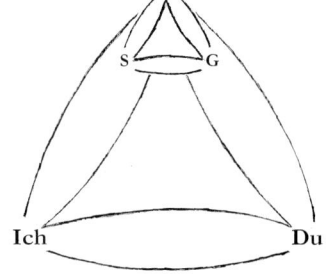

Auf ewig mit Gott zu leben und wie Er zu lieben, ist das Ziel, zu dem wir Menschen gerufen und unterwegs sind.

2. Tag

Anregungen zur Gestaltung der täglichen Besinnungszeit und Hinweise zum Umgang mit der Bibel findest Du auf Seite 134ff.

Der Wochenpsalm (S. 25) lädt ein, sich beim Lesen/Beten von einzelnen Bildern ansprechen zu lassen und bei ihnen zu verweilen.

Vielleicht geht es Dir mit dem heutigen Bibeltext, der ebenfalls ein Psalm ist, ähnlich ...

Psalm 8
(Bibel oder Gotteslob Nr. 710)

Der Beter des Psalms betrachtet die Schöpfung: Himmel, Mond, Sterne, das Weltall. Er staunt über Gottes Werk und lädt ein, mit ihm zu staunen ...

Ist Gottes Schöpfung nicht tatsächlich grandios – wirklich staunenswert? Wie nützlich und sinnvoll ist so vieles geregelt und geordnet! Und gibt es nicht auch im eigenen Leben manch Frohmachendes zu entdecken?

Verweile noch ein wenig bei diesem Bibeltext. Auf den folgenden Zeilen (oder in Deinem „Kurs-Tagebuch") kannst Du das festhalten, was Dich besonders anspricht.

Staunen über Gottes Schöpfung

Der Beter des Psalms betrachtet das unbegreifliche Werk Gottes: die Welt in ihrer Vielfalt, Größe und Schönheit. Unermesslich an Reichtum und Überfülle hat Gott sie geschaffen: Welch ein Kunstwerk ist allein schon eine Schneeflocke, wie kostbar eine einzige menschliche Zelle – was ist in ihr nicht schon alles angelegt! Ebenso kunstvoll geschaffen ist jedes einzelne Blatt, von feinem Geäst durchzogen. Manchmal ist seine Schönheit erst richtig zu sehen, wenn ich es gegen die Sonne halte – auf den Blickwinkel kommt es an!

Ein Tropfen Wasser – lebensnotwendig für Mensch und Natur. Und zugleich ein kostbares Wunder, in dem sich bei richtigem Lichteinfall die Schönheit der Natur widerspiegeln kann.
Ähnlich der Sonnenaufgang: das morgendliche Erwachen der Natur, dieses Farbenspiel, das Schwinden der Dunkelheit, das Hervorkommen des Lichts. Mit Worten ist dies nicht zu beschreiben.

All das – die ganze Vielfalt der Natur, die Pflanzen und Tiere – hat Gott dem Menschen „zu Füßen gelegt": nicht zur Ausbeutung, sondern zu unserer Freude und zu unserem Nutzen.
Meldet sich da nicht in der Tiefe des Herzens eine leise Ahnung, eine Ahnung von der Größe des Schöpfers?

Und der Mensch? Blickt man (nur) auf seine Begrenztheit und Hinfälligkeit, scheint er nicht bedeutender zu sein als ein Sandkorn in der Wüste. Doch in den Augen Gottes ist jeder Mensch unendlich wertvoll – vom IHM „mit Herrlichkeit und Ehre gekrönt". Und wenn wir in uns hineinhorchen, die Augen unseres Herzens für diesen Blickwinkel öffnen: Spüren und erkennen wir da nicht in uns selbst – trotz mancher Dunkelheiten – etwas von dieser Größe?

Der heutige Bibeltext, dieses Loblied auf Gottes Schöpfung, richtet den Blick zunächst auf Gott. Aber er bleibt dabei nicht stehen, geht es doch in der Heiligen Schrift auch immer um den Menschen – und um die Beziehung zwischen Gott und Mensch. Die Bibel ist deshalb nicht einfach (nur) ein „Sachbuch" – sie ist ein „Beziehungsbuch". Sie beschreibt Gottes Geschichte mit uns. Immer wieder lässt sie Seine Liebe aufscheinen.
In gewisser Hinsicht ist die Bibel Gottes Liebesbrief an uns ...

Diese Formulierung mag vielleicht als übertrieben erscheinen – gibt es doch biblische Texte, mit denen zahlreiche Menschen ihre Schwierigkeiten haben. Zweifellos! Doch auch im Umgang mit der Heiligen Schrift ist der Blickwinkel entscheidend. Daher die Anregung, beim Bibellesen in den nächsten Wochen besonders auf die leisen Töne und Spuren der Zuneigung Gottes zu uns Menschen zu achten. Vermutlich wirst Du überrascht sein ...

Beispielsweise heißt es im heutigen Text, dass der Mensch „nur wenig geringer gemacht" wurde „als Gott". Wenn wir diesen Gott fragen, warum Er den Menschen bei aller Begrenztheit und Zerbrechlichkeit dennoch so groß gemacht hat, würde Gottes Antwort sinngemäß lauten: „Weil Du es bist! Einzig aus Liebe zu Dir! Deshalb habe ich Dich als mein Abbild geschaffen – habe ich Dir diese Größe geschenkt."

Da kann es hilfreich sein, ausdrücklich auf das Gute im Leben zu schauen: ein lieber Blick oder ein gutes Wort eines Mitmenschen, eine blühende Blume am Wegesrand; jemand lässt mir die Vorfahrt; etwas gelingt überraschend gut; in einer brenzligen Situation werden ich oder ein lieber Mitmensch vor Schaden bewahrt ... Vielleicht scheint Dir manches davon eher unbedeutend zu sein – aber solche scheinbaren „Kleinigkeiten" als „Spuren der Liebe Gottes" wahrzunehmen, kann die gesamte Lebensperspektive verändern.

Deshalb die Einladung, in den nächsten Tagen auf gute Erfahrungen im Alltag zu achten und diese auf dem dafür vorgesehenen Blatt zu notieren. Du findest dieses Blatt im Anschluss an die Texte dieser Woche (Seite 42).

3. Tag

Beginne Deine Besinnungszeit wieder mit dem „Wochenpsalm". Dieser ist vertrauensvolles Gebet eines Menschen und zugleich liebende Zusage Gottes! Denn wir Menschen liegen Gott am Herzen! Gott selbst ist es, der Dir sagt: „Ich bin für Dich wie ein guter Hirte. Ich bin Dein guter Hirte. Nichts wird Dir fehlen ... Musst Du auch wandern in finsterer Schlucht, brauchst Du doch kein Unheil zu fürchten – denn ich bin bei Dir!"

Dass diese Zusage Gottes für jeden Einzelnen Gültigkeit hat, sagt uns Jesus in einem Gleichnis. Es steht im Lukasevangelium:

Lukas 15,3–6

Für hundert Schafe trägt da ein Hirte Verantwortung. Hundert Schafe – kommt es da auf eines mehr oder weniger an?

Und bei Menschen? Was zählt der Einzelne wirklich? Bin ich angesichts der vielen Menschen überhaupt wichtig? Bin ich mehr als ein austauschbares Rädchen im Getriebe?

„Freut euch mit mir ..."

Der Hirte im Gleichnis bemerkt, dass ihm eines seiner Schafe fehlt – eines von hundert Schafen. Na und?! Was soll's? „Sind ja noch genug da, was soll ich mir die Mühe machen, es zu suchen ...", so könnte der Hirte denken, so würde vielleicht auch mancher von uns denken. Die neunundneunzig anderen Schafe zurückzulassen und das eine suchen, das ist doch unökonomisch – ist Zeit- und Kraftverschwendung! Ja, so denken wir Menschen vielfach.

Aber: Gottes Ökonomie ist anders! Bei Ihm gelten andere Maßstäbe! Mit Seinem Gleichnis zeigt Jesus: Für Gott ist jeder Einzelne wichtig! Für Gott ist der einzelne Mensch eine Kostbarkeit – eine Kostbarkeit, für die sich jede Mühe lohnt.

So denkt Gott auch über mich: Auch ich bin Ihm wichtig – in jeder Lebenssituation. Auch dann, wenn die Umstände mich ins Abseits gedrängt haben, wenn einiges schiefgelaufen ist. Selbst dann, wenn ich eigentlich von Ihm gar nichts wissen will, mich von Ihm oder der Gemeinschaft der Menschen abwende, wenn ich mich isoliere bzw. isoliert fühle. Seine Liebe drängt Ihn, mich dennoch zu suchen. Auch mir geht Er nach in die Öde meines Lebens, meines Alltags, dorthin, wo ich (mir) fremd bin – mir und dem Leben entfremdet.

„Weil Du es bist!", sagt Gott zu jedem von uns. So sagt Er auch zu mir: „Weil Du es bist, gehe ich Dir nach."

Ja, Gott ist uns Menschen „nachgegangen". Er tat dies vor allem in der Menschwerdung Seines Sohnes. Und Er tat und tut dies auch in unserem Alltag auf vielfältige Weise.

Gott wurde Mensch – Mensch wie ich. Auch mir ist Er in Seiner Menschwerdung „nachgegangen" – in jedes „Gestrüpp" meines Lebens. Er will mich daraus befreien, und ich bin eingeladen, dies zuzulassen und mich von Ihm tragen zu lassen.

Wenn ich diese Seine Sorge und Liebe zulasse und tatsächlich annehme, dann herrscht große Freude: Gott selbst freut sich und lädt ein: „Freut euch mit mir ..." Auch ich darf und soll mich freuen.

Sich mit Gott freuen, sich auch über Ihn freuen, das ist für viele ein eher ungewohnter Gedanke. Wir sind es kaum gewohnt, Freude über Gott offen zum Ausdruck zu bringen – weder Gott gegenüber noch anderen Menschen gegenüber.
Doch vor Gott kann ich alles aussprechen, was ich im Herzen trage oder auf dem Herzen habe. Ihm kann ich alles sagen und zeigen. Wage ich dies, so führt es mich in eine vielleicht ungewohnte, aber sehr heilsame Zwiesprache, die mein Leben zu Ihm in Beziehung bringt. Eine Zwiesprache, die Gebet ist.

Die Texte dieses Buches möchten zum Gebet einladen und ins Beten hineinführen. Die verschiedenen (kursiv gedruckten) Gebetsimpulse wollen die Beziehung zu Gott anregen und fördern.

Lies nochmals den Bibeltext und versuche anschließend, mit Gott darüber „ins Gespräch zu kommen":

„Gott, Dir ist jeder einzelne Mensch ganz wichtig. –
Auch ich bin Dir wichtig ..."

„Alles willst Du für mich tun ...
Von Dir möchte ich mich tragen lassen."

„Gott, Du freust Dich über mich! –
Manchmal fällt es mir schwer, das zu glauben."

„Doch, ich möchte glauben (können),
dass Du Dich über mich freust."

„Gott, ich sehne mich nach Deiner Liebe ..."

4. Tag
Matthäus 8,1–4

Ein Aussätziger – einer, der wegen seiner Krankheit aus der Gesellschaft ausgestoßen ist – einer, der nicht „dazugehört". Die Menschen meiden ihn ...

Jesus aber hat keine Berührungsängste: Er durchbricht die Isolation des Kranken, streckt die Hand aus und berührt ihn.
Möchte auch ich so von Jesus berührt werden?

„Ich will es – werde rein ..."

Aussätzige mussten zur Zeit Jesu abseits des Dorfes leben und sich von ihren (gesunden) Mitmenschen fernhalten. Sie waren isoliert.

Der Aussätzige, von dem hier erzählt wird, durchbricht diese trennende Mauer. Er bricht ein Tabu: Er kommt auf Jesus zu, spricht Ihn sogar an. Wie viel Not und wie viel Hoffnung haben ihn wohl zu diesem Schritt getrieben? Welch ein Vertrauen spricht aus seinen Worten!

Und Jesus? Er streckt dem Kranken die Hand entgegen und berührt ihn. Nach damaligem Verständnis macht sich Jesus damit selbst „unrein"! Aber so ist Jesus: Er lässt sich ganz auf die Menschen ein – mit allen Konsequenzen!

So ist Gott: Er lässt sich wirklich auf uns ein! Gott war sich nicht zu schade, Mensch zu werden, um uns heil zu machen und „heimzuholen", uns wieder „einzugliedern" – einzugliedern in Seine Liebesgemeinschaft. In Jesus hat Gott uns gezeigt, dass Er sich nicht zu schade ist, sich „schmutzig" zu machen, damit wir „rein" werden – rein an Leib und Seele.

Mit Seiner Liebe möchte Er uns nicht nur beschenken, sondern auch befähigen, „Mitliebende" zu werden (siehe Seite 29).

Aber: Gott zwingt uns nicht! Er achtet unsere Freiheit. Er lässt sogar zu, dass ein Mensch sich abwendet, sich nicht lieben lässt, sondern sich ab-sondert („Sünde") und eigene Wege geht.

Wer sich abwendet und absondert, tut sich selbst etwas an: Denn er schließt sich selbst aus der Gemeinschaft aus: Indem er sich innerlich (ver)sperrt, stört oder unterbricht er die liebende Beziehung zu Gott, zum Mitmenschen und zu sich selbst.

Gott aber ist und bleibt treu: Er lässt nicht vom Menschen ab. Ja, mehr noch: Er lässt uns Menschen in dieser Situation nicht allein. Gerade da, wo der Mensch sich von Gott abwendet, wendet Gott sich uns in besonderer Weise zu: Er selbst wird Mensch – wird Mensch in Seinem Sohn Jesus Christus. Und Jesus schenkt und lebt Liebe bis zum Letzten – selbst dann noch, als es für Ihn lebensbedrohlich wird! So groß ist Gottes Liebe, dass Er alles für uns Menschen einsetzt. Gott steht zu uns – in jeder Situation.

Es gibt im Leben Zeiten, da wissen wir weder ein noch aus. „Ich kann nicht mehr, ich sitze im Loch!", heißt es dann. Alles erscheint aussichtslos! Wir hoffen auf Hilfe von außen, bleiben aber oftmals allein. Oder wir hören „gute Ratschläge". Doch tun diese eher weh, als dass sie weiterhelfen. Wenn jemand „im Loch sitzt", dann steigen (verständlicherweise) im Herzen leicht Gedanken auf wie: „Warum das Ganze? Warum tut Gott nichts?! – Lässt auch Er mich hängen? – Ist Er überhaupt da?"

Und Gott – wie reagiert Er nun auf unsere Not und Verzweiflung? Hält Er sich „bedeckt", geht Er auf Distanz?

Die Menschwerdung Jesu gibt uns eine klare Antwort: Gott hält sich nicht zurück – im Gegenteil: In Jesus Christus wird Er Mensch, springt gleichsam in unser, in mein „Loch" hinein.

Auch wenn wir es womöglich im Moment so nicht wahrnehmen, Gott ist tatsächlich da! Er leidet mit uns – und Er ist da mit Seiner Kraft und Nähe. So bringt Er uns die Liebe des Himmlischen Vaters. Zugleich lässt Er uns an Seinem Vertrauen zum Vater teilhaben. Dies „zu wissen", und im Herzen zu vertrauen: „Ich bin nicht allein – das ‚Loch' ist nicht das Letzte – es gibt Rettung – sie ist schon im Gang!", das ist der Schlüssel zur Veränderung.

Da, wo ich vom Leben verletzt bin, wo ich scheitere, wo meine Situation dunkel und aussichtslos ist, gerade da ist Gott bei mir. Ja, selbst wenn ich mich von Ihm abgewandt habe, springt Er in mein Dunkel hinab und sagt: „Ich lasse Dich nicht allein – weil Du es bist!"

Vielleicht hast Du in Deinem Leben Erfahrungen gemacht, die dieses Bild von „Jesus, der in unser Loch springt" bestätigen. Erfahrungen, die fragen lassen können, ob dies nicht „Spuren Gottes in meinem Leben" sind – Erinnerungen, die es wert sind, dass man sie sich immer wieder ins Gedächtnis ruft.

Jesus befreit den Aussätzigen aus der Isolation: „Ich will es ...", sagt Er und heilt ihn. Aber nicht nur das – Er führt ihn auch in die (Glaubens-)Gemeinschaft zurück: „Zeig dich dem Priester ..." Damals hatten die Priester u. a. die Aufgabe, die Gesundung, das Rein-Werden eines ehemals Aussätzigen festzustellen. Rein werden – das war/ist mehr als nur „gesund werden". Rein werden beinhaltet auch die Wiederaufnahme in die Gemeinschaft.

„Du sollst mit mir Gemeinschaft haben", lautet Jesu Einladung. Und Seine Einladung geht auch an jeden von uns: „Komm, lass Dich von mir berühren. Ich will es – werde rein!"

5. Tag

Johannes 8,1–11

„Zwei Parteien" stehen Jesus gegenüber: Zum einen die Pharisäer und dann die Ehebrecherin – beide gespannt, wie Er reagieren wird.

Nach jüdischem Gesetz hat die Frau für ihren Ehebruch die Todesstrafe verdient. Jesus aber handelt anders. Sein Handeln wird von einem anderen „Gesetz" bestimmt ...

„... auch ich verurteile dich nicht"

Da steht sie vor Jesus – diese Frau, die beim Ehebruch ertappt worden ist. Eine klare Sache – denken die Pharisäer: Er muss die Frau verurteilen! Sie wird hingeschleppt, vorgeführt – in die Mitte, in den Blickpunkt gestellt, den harten und spöttischen Blicken, der Verachtung ausgesetzt. Sie ist voller Angst vor dem drohenden grausamen Tod.

Und Jesus? Er richtet nicht, Er befragt nicht, Er verhört nicht. Er wendet sich auch nicht ab. Nein – Er bückt sich. Er, der Herr, bückt sich, macht sich gleichsam vor der Ehebrecherin klein und schreibt etwas in den Sand. Wie mag diese Frau sich dabei gefühlt haben? Er, der das Urteil über sie fällen soll, Er beugt sich vor ihr nieder und schreibt schweigend in den Sand.

Wenn ich mich in diese Szene hineindenke – wo kann ich mich wiederfinden? Gleiche ich eher den Zuschauern, den Pharisäern oder finde ich mich (auch) irgendwie in der Ehebrecherin wieder? Bin nicht auch ich ein begrenzter Mensch mit Fehlern und Schwächen, spüre mein Versagen, erlebe mich als „Sünder"? – Eine (Selbst-)Erkenntnis, die schmerzlich und beschämend sein kann.

Aber: Wie die Ehebrecherin brauche auch ich nicht an meiner Schuld zu verzweifeln. Gott kennt doch mein Inneres. Er weiß, wie sehr wir Menschen auf Liebe, Annahme und Verzeihung angewiesen sind. All das möchte Er uns ja schenken!

Um uns dies leibhaftig kundzutun, kommt Er selbst in diese Welt. In und durch Jesus Christus können wir Seine Zuwendung und Nähe erfahren.

Selbst mein Versagen kann so zum Einfallstor Seiner Liebe werden: Mitten im Dunkel gibt es die Chance zur Begegnung mir Ihm.

Auch wenn ich Jesus als Sünder gegenüberstehe, verurteilt Er mich nicht. So, wie Jesus die Frau im Evangelium anspricht, so kommt Er auch mir entgegen und verzeiht. Vorbehaltlos nimmt Er mich an.

Selbst wenn mich manches, was ich getan habe, sehr bedrückt, wenn ich nicht (mehr) zu mir stehen kann, mich innerlich fertigmache, mich verurteile oder irgendwie zu rechtfertigen versuche – Gott steht uneingeschränkt und bedingungslos zu mir. Wie zur Ehebrecherin sagt Jesus auch zu mir: „... auch ich verurteile Dich nicht."

Selbst wenn ich dauernd über die gleichen Dinge stolpern sollte, lässt Er mich nicht fallen. Immer wieder kann ich neu beginnen. Mit meinen Fehlern und Schwächen, mit meinem Versagen, meiner Vergangenheit, meiner jetzigen Lebenssituation, mit allem, was mich bedrückt und wofür ich mich schäme, kann ich zu Ihm kommen. Er sehnt sich danach, mir Seine Barmherzigkeit und Liebe zu schenken.

6. Tag
Psalm 139, Verse 13–16a

Gott hat mich gewoben im Schoß meiner Mutter. Wunderbar bin ich gestaltet – wunderbar gestaltet von Gott. Für Ihn bin ich ein Kunstwerk – staunenswert.

Wie wichtig muss ich Gott sein, dass Er von Ewigkeit her schon um mich weiß! Für Ihn bin ich kein Zufall: Er selbst hat mich erwählt – Seine Augen sahen, wie ich entstand, in Seinem Buch war schon alles verzeichnet: meine Existenz, mein Leben, ich – ja, auch und gerade ich!

O mein Gott, wer bin ich, dass Du mich liebst seit Ewigkeit

„Was ist der Mensch, dass du an ihn denkst", lasen wir vor wenigen Tagen im Psalm 8. Ja, was ist der Mensch – und wer bin ich?

Der Beter des Psalms fährt dann fort: „Du hast ihn (den Menschen) nur wenig geringer gemacht als Gott, hast ihn mit Herrlichkeit und Ehre gekrönt."

Wie Psalm 8, so verkündet auch unser heutiger Schrifttext (Psalm 139), dass und wie ich mich als Mensch ganz von Gott her sehen darf und kann: In den Augen Gottes bin ich eine Kostbarkeit – Er selbst hat „mein Inneres geschaffen". Was ganz tief in mir ist, dort, wo ich wirklich „Ich" bin – das hat Gott geschaffen. Mein Innerstes, mein „Ich", ist ein Werk Gottes; nicht irgendwie „zufällig" fing mein Leben an; nein – Gottes Augen „sahen, wie ich entstand".

Gottes Augen sehen mich auch jetzt. Und Seine Augen blicken voller Liebe auf uns Menschen – auch auf mich. Für Gott bin ich „kunstvoll gewirkt" – eine Perle. Mag vielleicht manches an mir kantig, spitz, uneben sein – Gott sieht durch meine raue Schale hindurch. Er sieht in die Tiefe. Er sieht das Wesentliche, das, was Er selbst so „kunstvoll gestaltet hat" – die Perle in mir!

Wir Menschen sind leicht in Gefahr, diesen kostbaren Schatz nicht mehr im Blick zu haben: Sei es, dass wir eher auf die raue, schmutzige Schale blicken oder aber verlernt haben, in die Tiefe zu sehen und den innersten Kern wahrzunehmen, verlernt haben, zu staunen. Was aber könnte und würde sich ändern, wenn ich anfinge, mich selbst mit den Augen Gottes zu sehen – mit jenem liebevollen Blick, der auch meine verborgene Schönheit und wunderbare Größe sieht. Vielleicht kann/möchte ich sagen (können):

„Ja, Herr, staunenswert sind Deine Werke, wunderbar gestaltet.
Auch mich hast Du geschaffen,
und Deine Augen blicken voller Liebe auf mich."

Bitte Gott, Dir die Augen zu öffnen, damit Du Dich selbst mehr und mehr mit Seinen Augen anschauen und die Perle in Dir entdecken kannst. – Wenn möglich, bete nochmals die angegebenen Verse aus Psalm 139.

7. Tag: Rückblick

„Unsere Sehnsucht nach Liebe – mehr als nur ein Traum?!", so lautet das Thema der zu Ende gehenden Woche.

Welche Erfahrungen habe ich bisher in meinem Leben mit Gott gemacht? – Habe ich „Spuren Gottes" entdecken können?

Wie ging es mir mit meiner täglichen Besinnungszeit? Welche guten Erfahrungen hatte ich, welche Schwierigkeiten gab es?

Vielleicht beginne ich, stiller und hinhörender zu werden – aufmerksamer für die Kleinigkeiten des Alltags und sensibler für die Impulse, mit denen Gott mich anspricht.

„Ich will hören, Herr, was Du mir sagst ..."

Bring Deine Erfahrungen, Fragen oder Schwierigkeiten ins heutige Gruppengespräch ein ... Vielleicht geht es anderen Kursteilnehmern ähnlich, und ein Erfahrungsaustausch kann da sehr bereichernd sein.

Herzliche Einladung, eine Woche lang täglich gute und **dankenswerte Erfahrungen** (und seien sie noch so klein) zu notieren:

1. Tag • _____
   • _____
   • _____

2. Tag • _____
   • _____
   • _____

3. Tag • _____
   • _____
   • _____

4. Tag • _____
   • _____
   • _____

5. Tag • _____
   • _____
   • _____

6. Tag • _____
   • _____
   • _____

7. Tag • _____
   • _____
   • _____

Es gibt Liebe!
In Jesus Christus
überbietet Gott unsere Sehnsucht

Wochenpsalm

Danket dem Herrn, denn er ist gütig, *
denn seine Huld währt ewig.
> *So soll Israel sagen:* *
> *Denn seine Huld währt ewig.*

So soll das Haus Aaron sagen: *
Denn seine Huld währt ewig.
> *So sollen alle sagen, die den Herrn fürchten und ehren:* *
> *Denn seine Huld währt ewig.*

In der Bedrängnis rief ich zum Herrn; *
der Herr hat mich erhört und mich frei gemacht.
> *Der Herr ist bei mir, ich fürchte mich nicht.* *
> *Was können Menschen mir antun?*

Der Herr ist bei mir, er ist mein Helfer; *
ich aber schaue auf meine Hasser herab.
> *Besser, sich zu bergen beim Herrn,* *
> *als auf Menschen zu bauen.*

Besser, sich zu bergen beim Herrn, *
als auf Fürsten zu bauen.
> *Ehre sei dem Vater und dem Sohn* *
> *und dem Heiligen Geist,*

wie im Anfang, so auch jetzt und alle Zeit *
und in Ewigkeit. Amen.

(Psalm 118, Verse 1–9; GL 235)

1. Tag

Eine etwas ungewohnte Kreuzesdarstellung: In der Mitte – sozusagen als „Herzstück" – ist die Fußwaschung dargestellt: Jesus, der Herr und Meister, kniet vor Petrus nieder und verrichtet einen „Sklavendienst". Damit drückt Er die innere Mitte all Seines Tuns und besonders die Seines Kreuzestodes aus: Jesu Erniedrigung, Seine totale Hingabe geschieht aus Liebe zu uns. Jesus geht vor uns „in die Knie", damit wir wieder Gemeinschaft mit Gott haben.

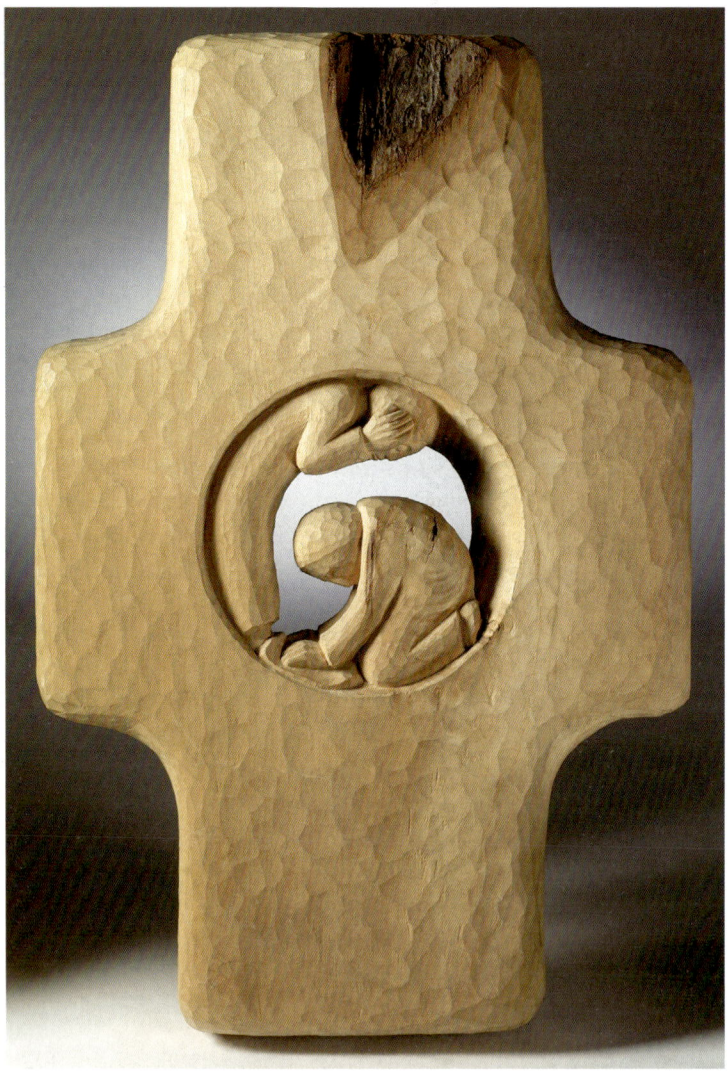

Johannes 13,1–12

Die heutige Bibelstelle, den Bericht von der „Fußwaschung", haben wir bereits in der „ersten Woche" betrachtet. Solch wiederholtes Lesen und Bedenken der Heiligen Schrift kann helfen, Gottes Wort und insbesondere Jesu Geist und Handeln tiefer zu erfassen.

Der Meister wäscht Seinen Jüngern die Füße! Eigentlich ein Skandal! Petrus erkennt dies und protestiert.
Welche Person möchte ich in dieser Szene sein – ein unbeteiligter, unberührter Zuschauer, ein impulsiv protestierender Petrus, ein Jünger, der einfach geschehen lässt oder jemand, der (wie später Petrus) zutiefst angerührt ist und nicht genug bekommen kann?

Jesus verschenkt sich

Am Ende Seines Lebens zeigt Jesus nochmals auf eindrückliche Weise, was Ihn im Tiefsten antreibt und bewegt: Seine dienende Liebe. Diese Liebe bestimmt die Grundbewegung Seines Lebens, bestimmt eine Dynamik, die auch in der Fußwaschung zum Ausdruck kommt: Jesus ist sich ja durchaus Seiner Macht und Herrlichkeit bewusst: „Er wusste, dass ihm der Vater alles in die Hand gegeben hatte und dass er von Gott gekommen war und zu Gott zurückkehrte." (Johannes 13,3) Dennoch ist Er sich nicht zu schade, vor uns Menschen „in die Knie zu gehen".
Jesus, der Sohn Gottes, kommt zwar „von oben" – doch Sein Leben ist geprägt von der Grundhaltung des Dienens. Ob es die Menschwerdung in einem Stall ist, die Taufe im Jordan, die Bereitschaft, bei Zöllnern und Sündern einzukehren, oder das Sterben wie ein Verbrecher am Kreuz: Er, der Sohn Gottes, wird selbst Mensch und geht tatsächlich vor uns Menschen in die Knie.

Vielleicht kann die Ungeheuerlichkeit dieses Vorgangs durch eine humorvolle und doch gleichnishafte Geschichte bewusster werden: Wie würdest Du reagieren, wenn sich Dir ganz unerwartet in Nachbars Garten der folgende Anblick böte:

„Jetzt spinnt der mit seinen Schnecken aber total!", wäre vermutlich noch eine milde Form der Reaktion. – Angesprochen auf sein doch recht eigenartiges Verhalten, würde der Nachbar möglicherweise antworten:
„Sie wissen ja, ich liebe Schnecken. Und nun ist unter meinen Tieren Streit. Ich wollte schlichten, hab' aber schnell festgestellt: Das geht nicht so einfach! Meine Schnecken verstehen mich nicht, wenn ich als Mensch – aus ihrer Sicht ist das ‚von oben herab' – zu ihnen spreche. Da hab' ich gespürt: Ich muss mich auf ihre Ebene begeben; ich muss in die Knie gehen, damit ich auf Augenhöhe mit ihnen rede – sozusagen von ‚Schnecke zu Schnecke'."

Gerade weil das Verhalten dieses Nachbarn irgendwie ver-rückt scheint und aus dem Rahmen fällt, kann es uns nachdenklich machen. Fällt Gott mit Seiner Hinwendung zu uns nicht auch aus dem Rahmen? Hat sich Gott in Jesus Christus nicht noch um Vieles mehr, als der Schneckenliebhaber es hier tut, klein gemacht und erniedrigt? Um „von Mensch zu Mensch" mit uns zu sprechen, wurde der Sohn Gottes nicht nur für kurze Zeit, sondern tatsächlich und mit allen Konsequenzen einer von uns ...

Diese Hingabe, die bis zum Äußersten geht, hat ein Format, das „den Rahmen sprengt" – und zugleich provoziert: Jesus gewinnt damit nicht nur Anhänger und Freunde, sondern auch erbitterte Gegner. Dennoch bleibt Er unbeirrt „Seiner Linie" treu. Er lebt und handelt nach dem Motto: „Du kannst noch so schlecht mit mir umgehen – ich höre nicht auf, weiter zu Dir zu stehen!" So wird in Jesus deutlich, wie Gott wirklich ist: Jesus *hat* nicht nur Liebe, Er *ist* die menschgewordene, unüberbietbare Liebe Gottes.

In Jesus kommt Gott auf uns Menschen zu. Nicht wir müssen von uns aus zu Ihm gelangen, Gott selbst macht den ersten Schritt. Dies ist der einzige Weg, wie die vom Menschen so sehr ersehnte Gemeinschaft mit Gott möglich wird: „Wenn ich dich nicht wasche (mich nicht zu dir hinabbeuge), hast du keine Gemeinschaft mit mir." – Wie Petrus, so sind wir alle eingeladen, uns auf dieses Angebot einzulassen. Und wie Petrus werde auch ich gefragt: „Begreifst Du, was ich Dir getan habe, was ich Dir tun will?"

2. Tag

In der vergangenen Woche warst Du eingeladen, auf gute Erfahrungen im Alltag zu achten (siehe Seite 42). Diese Selbst-Besinnung weiterführend, findest Du im Anschluss an die Texte dieser Woche (Seite 57) einige Anregungen, nun auch einzelne Stationen Deines Lebens unter dem Aspekt „Gute Erfahrungen" zu betrachten. Ein solches Bedenken und Festhalten der „Spuren Gottes im eigenen Leben" kann in uns die Ahnung wachsen lassen, wie sehr wir Gott am Herzen liegen ...

Auch das Volk Israel hat immer wieder auf seine Erfahrungen mit Gott zurückgeschaut: In vielen bedrängenden Situationen hat es Gottes Beständigkeit und Treue erfahren. Ja, Gottes Güte durchzieht die gesamte Geschichte Israels. Aus diesem Wissen und aus diesem Selbstverständnis heraus heißt es im (Wochen-)Psalm 118: „... denn seine Huld währt ewig!" Aus diesem Wissen heraus werden die Stämme Israel und Aaron aufgefordert, Gott zu danken, denn „seine Huld währt ewig!". Und nicht nur das Volk Israel, sondern alle, die den Herrn fürchten (d. h. Ihn als ihren Gott anerkennen) und ehren, sind aufgerufen, dieser Treue Gottes zu (ver)trauen. Vielleicht kannst Du beim (nächsten) Beten des Wochenpsalms den Text auch ergänzen und Deinen eigenen Namen einfügen:

„Danket dem Herrn, denn er ist gütig ...
So soll/kann/will auch ich, NN., sagen:
‚denn seine Huld währt ewig!'"

Lukas 2,41–51

Jesus provoziert: Ohne dass Seine Eltern es ahnen, bleibt der Zwölfjährige in Jerusalem zurück.
Jesus provoziert – Er fordert heraus: Selbst Maria und Josef müssen feststellen, dass sie Ihn nicht verstehen. – Wer ist dieser Jesus?
Bin ich, wie Maria, bereit, für Jesu Geheimnis offen zu sein, Seine Worte und Taten – auch das Unverstandene – in mich aufzunehmen und im Herzen zu bewegen?

Darf Jesus – darf Gott – auch mich überraschen und provozieren?

„Wusstet ihr nicht ...?"

Eigentlich allerhand! Da bleibt dieser gerade mal Zwölfjährige ganz einfach im Tempel! Welch ein Affront den Eltern gegenüber! Hat Jesus kein Feingefühl? Kennt und befolgt Er nicht das 4. Gebot, in dem es heißt, dass man „Vater und Mutter ehren" soll ...!?

Jesu verhält sich wirklich anders, als man erwarten sollte: Auf die Vorhaltung: „Kind, wie konntest du uns das antun?" reagiert Er mit der Frage: „Wusstet ihr nicht, dass ich in dem sein muss, was meines Vaters ist?" So konfrontiert Er Maria und Josef mit etwas, das sie (jetzt) noch nicht verstehen: mit Seinem innersten Kern, mit dem, was Seine Identität, Sein Wesen, Sein Selbstverständnis ausmacht.

Wer ist dieser Jesus, auf den seit zwei Jahrtausenden Menschen ihr Leben bauen? Wer ist Er – und was hat Er, der vor 2000 Jahren Mensch wurde, mit meinem Leben zu tun?

Dies sind Fragen, auf die wir nur schrittweise Antwort finden. Aber wir dürfen darauf vertrauen, dass Gott in uns nach und nach ein tieferes Erfassen wachsen lässt.

Im heutigen Bibeltext stellt Jesus unmissverständlich klar, dass Seine Beziehung zum Vater im Himmel über allen menschlichen Bindungen steht. Und damit wird Jesu innere Dynamik deutlich: Er lebt ganz aus Gott, Seinem Vater, und ist zugleich Mensch wie wir. Dieses Verbundensein mit dem Himmlischen Vater bestimmt Sein Wesen, ist Ihm Motor und Kraftquelle. Da weiß Er sich bedingungslos geliebt, getragen und bejaht. Das lässt Jesus vertrauen und befähigt Ihn, uns Menschen mit bedingungsloser Zuwendung zu begegnen.

Sich ganz dem Vater anvertrauen, alles von Ihm erwarten – dies ist das innerste Kennzeichen Jesu: „Vater, aus Dir lebe ich und Dir vertraue ich ganz und gar."

Immer wieder sucht Jesus in der Einsamkeit die Nähe des Vaters: „Er verbrachte die ganze Nacht im Gebet zu Gott." (Lukas 6,12)

3. Woche – Es gibt Liebe

Ganz auf Gott bezogen zu sein und von Ihm her zu leben, kann „unangenehme Folgen" haben, kann auf Unverständnis und Unmut stoßen. Jesus jedenfalls ergeht es so – sieht es doch so aus, als handle Er bei Seinem Zurückbleiben im Tempel gegen das 4. Gebot. Aber das tut Er gar nicht, vielmehr rückt Er die Maßstäbe zurecht und macht deutlich, dass das 1. Gebot (nämlich: Gott über alles andere zu stellen) wirklich das oberste ist. Jesus zeigt unmissverständlich, dass Seine Beziehung zum Vater über allem anderen steht.

Und diese göttliche Liebes-Beziehung ist absolut tragfähig – das erweist sich bei Jesu Sterben: Der Vater lässt Seinen Sohn nicht im Tode – Er führt Ihn zur Auferstehung!
Um uns an dieser Beziehung Anteil zu geben, ist der Sohn Gottes Mensch geworden. Er ist seitdem Gott und Mensch zugleich.
Und mit Seiner Menschwerdung hat Jesus uns Menschen den Weg zur Teilhabe am Leben, an der Liebe des Dreifaltigen Gottes geebnet. Unvorstellbar – mit dem Verstande nicht zu erfassen!

Und wie Er es bei Jesus tat, so will der Vater auch uns zur Auferstehung führen, hin zur ewigen Gemeinschaft mit Ihm.

„Wusstet ihr nicht ...", sagt Jesus zu Maria und Josef. „Weißt Du nicht ...", so sagt Er vielleicht auch zu mir: „Du weißt doch, dass ich in dem sein muss, was meines Vaters ist. Komm und lass Dich auf mich ein, ich will auch Dich in meine Beziehung zum Vater hineinnehmen, will Dich zum Vater führen."

3. Tag

Matthäus 11,25–27

Unser heutiger Bibeltext ist zweigeteilt: In den ersten beiden Versen lesen wir ein Gebet Jesu. Im Vers 27 wendet sich Jesus dann an Seine Zuhörer – und damit auch an uns.

Jesus preist Gott, Seinen Vater, dafür, dass Er Seine unfassbar große Güte nicht den „Klugen und Weisen", sondern den einfachen Menschen, den Kleinen und „Unmündigen" geoffenbart hat.
Vielleicht stört Dich das Wort „Unmündige/r". Will Gott uns klein halten – sollen wir nicht wachsen und erwachsen werden? Das mag so klingen, aber das Gegenteil ist gemeint: Gott will uns, die wir im

Blick auf unser ewiges Heil immer bedürftig („unmündig") sind und bleiben, wirkliche Größe zuteil werden lassen. So offenbart Er uns, was unsere eigentliche Bestimmung und Berufung ist: Wir sollen Anteil an der „Sohnschaft Jesu" erhalten! Vor Gott und bei Gott sollen wir – Frauen wie Männer – an der ganz persönlichen Beziehung zwischen Vater und Sohn Anteil haben und – in inniger Einheit mit dem Sohn – selbst zu erwachsenen „Söhnen" (und Erben) werden.

Vielleicht liest Du im Licht dieser Überlegungen nochmals die heutige Bibelstelle (Matthäus 11,25–27).

„Mir ist vom Vater alles übergeben worden ..."

Jesus gewährt uns sozusagen einen Blick in das Herz Gottes. Er selbst staunt: Alles, wirklich alles, hat der Vater Ihm, dem Sohn, übergeben! Nichts hält Er zurück. Der Vater schenkt und übergibt wirklich total, ohne Wenn und Aber – völlig bedingungslos!

Aus diesem Wissen und aus dieser Beziehung heraus lebt Jesus. Daraus wird Er gespeist: „Meine Speise ist es, den Willen dessen zu tun, der mich gesandt hat." (Johannes 4,34) Der Wille des Vaters ist nicht nur Orientierung, sondern auch Motor Seines Lebens.
Jesus vertraut fest darauf, dass dieser Wille durch und durch von Liebe bestimmt ist. Daher verankert Er sich immer wieder in der Treue und unbedingten Zuwendung des Vaters und zieht sich öfters zum persönlichen Gebet zurück. Verschiedene kleine „Stoßgebete" Jesu zeigen: Gerade Seine Zeichen und Wunder wirkt Er nicht aus sich heraus, sondern aus der vertrauenden Beziehung zum Vater.

So heißt es z. B. bei der „Brotvermehrung": „Darauf nahm er die fünf Brote und die zwei Fische, blickte zum Himmel auf, sprach den Lobpreis, brach die Brote und gab sie den Jüngern, damit sie sie an die Leute austeilten ..." (Markus 6,41)
Jesus, dem vom Vater „alles übergeben" worden war, erwartet alles vom Vater: Leben, Freude, Glück, ja jegliche Erfüllung. Sogar ange-

sichts Seines Leidens verlässt Ihn der Glaube an Gottes Treue nicht: Er vertraut auch dann weiter, als alles aussichtslos zu sein scheint.

Solch ein Vertrauen fällt selbst Jesus nicht einfach in den Schoß: Alle Evangelien berichten von Seinem Ringen am Ölberg. Als Er Leiden und Sterben auf sich zukommen sah, war Er tief erschüttert – Sein Schweiß war „wie Blut, das auf die Erde tropfte" (Lukas 22,44). Ganz Mensch wie wir, musste auch Jesus um Sein Vertrauen ringen. Er rang darum, Gott auch in dieser Situation weiter zu trauen. Und Er wurde in Seinem Ringen und Beten erhört! Nicht, dass Gott das Leid weggenommen hätte – aber der Vater schenkte Ihm die notwendige Kraft! (s. Lukas 22,43) Gott stärkte und festigte Jesu Vertrauen so, dass dieser sich auf den Leidensweg einlassen konnte.

Und dass der Vater unwiderruflich zu Jesus – Seinem Sohn – steht, wird für uns endgültig erkennbar in Seiner Auferstehung: Der Vater lässt Jesus nicht im Tode! So wird offenbar, dass Gottes Liebe stärker ist als jede Macht der Welt, stärker auch als der Tod. Dass dies wirklich so ist, dafür ist Jesus selbst Garant und Zeuge!

Vielleicht möchtest Du Dich an Jesu Gottvertrauen „anhängen", mit Ihm Vertrauensschritte wagen. – Das folgende kleine Atemgebet kann helfen, in eine solche Haltung hineinzuwachsen.
Richte Deinen Blick auf eine brennende Kerze (oder schließe die Augen) und bete beim Einatmen: *„Jesus"* und beim Ausatmen: *„Dir will ich vertraun!"* oder: *„Mit Dir will ich vertraun!"*

4. Tag
Markus 15,22–39

Wie ein Verbrecher stirbt Jesus – über Seinem Haupt die Tafel, die Seine „Schuld" angibt: „König der Juden". Ja, Jesus stirbt als König – als König der Liebe: Sie ist es, die Ihn vor dem Tod nicht fliehen lässt.
Kann man das einfach so zur Kenntnis nehmen?

Die Bibel berichtet von zwei ganz unterschiedlichen Reaktionen: Viele schütteln den Kopf – doch der weder im biblischen Glauben aufgewachsene noch als gläubig geltende Hauptmann bekennt: „Wahrhaftig, dieser Mensch war Gottes Sohn."

Und ich, wie reagiere ich auf Jesu Leiden und Sterben?

Der Tod Jesu

Jesus, der vom Vater gesandte Sohn Gottes, der Heilung, Versöhnung und Befreiung gebracht hat, stirbt unter dem Hass Seiner Feinde in schmerzlicher Finsternis. Er, der ganz aus der Einheit mit dem Vater lebt, taucht gewissermaßen in unsere ganze menschliche Dunkelheit und Gottverlassenheit[1] ein. Verständlicherweise lässt dies die innige Beziehung Jesu zum Vater in höchste Bedrängnis geraten: Jesus spürt, durchlebt und trägt die Finsternis von Sünde, Leid und Tod derart intensiv, dass Er zum Vater im Himmel schreit: „Mein Gott, warum hast du mich verlassen?"

Nach dem Bericht des Markusevangeliums betet Jesus sterbend den Psalm 22, welcher in verzweifelter Klage beginnt und mit Vertrauen und Dank endet. Jesu schreiendes Beten offenbart: Er, der Sohn Gottes, weicht der Bedrängnis nicht aus, sondern begibt sich bewusst und freimütig in sie hinein und erleidet tiefsten menschlichen Schmerz: „Ich aber bin ein Wurm und kein Mensch, der Leute Spott, vom Volk verachtet." (Psalm 22,7) Radikal erfährt und durchleidet Er auch die Not der Verlassenheit: „... niemand ist da, der mir hilft" (Psalm 22,12).

Eine Situation, die menschlich gesehen, zum Verzweifeln ist. Doch Jesus gibt nicht auf, sondern durchlebt und durchliebt diese Qual: Statt die Feinde zu verurteilen oder zu bekämpfen, liefert Er sich ihnen aus: An Seiner Hingabe sollen sich Egoismus, Bosheit, Ablehnung und Hass totlaufen.
Darum erträgt Jesus mit uns und für uns diese Finsternis von Sünde und Tod. Für uns, die wir an diesem tiefsten Punkt unserer Existenz absolut an unsere Grenze kommen und unsere ganze Hilflosigkeit, Ohnmacht und Gottesferne erfahren, springt Er „in die Bresche".

---

[1] Das Wort „Gottverlassenheit" meint hier nicht nur ein Gefühl, sondern den Zustand jener inneren Trennung von Gott, die Folge der Sünde ist.

Indem Er das Vertrauen zum Vater im Himmel wahrt, bringt Er Licht in das Dunkel:
Sünde und Tod sind es, die uns Menschen fesseln. Durch Seine Hingabe am Kreuz löst Jesus diese Fesseln. Und so kann nach Jesu Sterben einer von denen, die Ihn hingerichtet haben, bekennen: „Wahrhaftig, dieser Mensch war Gottes Sohn!"

In Jesus Christus lässt sich Gott in voller Radikalität und mit allen Konsequenzen auf uns Menschen und unser Leben ein, bis hinein in Leiden, Sünde und Tod. „Ich meine es wirklich ernst mit Dir, todernst mit meiner Liebe zu Dir", spricht Jesus zu jedem von uns.
Seitdem gibt es in unser aller Leben kein Dunkel mehr, in das sich der gekreuzigte Jesus nicht bereits hineinbegeben hat, um es zu erhellen. – Und so sind auch wir eingeladen zu beten:

„Auch die Finsternis ist für Dich nicht finster.
Die Nacht kann leuchten wie der Tag.
Ja, Du wurdest meine Hilfe,
denn die Finsternis ist für Dich und mit Dir wie Licht.
Darum halte ich Ausschau nach Dir
und will Dich rühmen mein Leben lang."

(vgl. Psalm 63; Psalm 139,12)

5. Tag

Johannes 20,11–18

Jesus ist tot, Maria von Magdala beweint Ihn. Für sie ist alles aus. Doch einen letzten Dienst will sie Jesus noch erweisen.
Und gerade da geschieht das Unerhörte: Als sie – mit ihrem Schmerz und all ihrer Enttäuschung – bereit ist, zum Grab zu gehen, begegnet ihr wider Erwarten der Auferstandene.

Habe ich schon einmal Situationen durchlebt, wo alles aus zu sein schien? – Habe ich dabei auch schon die Erfahrung von unerwartetem Neuanfang, die Erfahrung von Auferstehung gemacht?

„Ich habe den Herrn gesehen"

Maria von Magdala kommt in der Dunkelheit des frühen Morgens zum Grab (Johannes 20,1). Aber nicht nur draußen ist es dunkel, sondern auch in ihr. Wie viel Enttäuschung liegt hinter ihr, die sie Jesus derart liebte, dass sie Ihm einst die Füße gesalbt hatte (Lukas 7,36–50). Sie war Jesus sogar nachgefolgt bis zu Seinem Sterben am Kreuz (Johannes 19,25). Nun scheint alles aus zu sein. Doch kommt sie innerlich von Jesus nicht los ...

Kommt in dem Wunsch, dem Toten noch einen Dienst zu erweisen, nicht auch die urmenschliche Hoffnung zum Ausdruck, dass der Tod vielleicht doch nicht das Ende bedeutet? Tief in Maria glimmt offenbar das Feuer sehnsüchtiger Ahnung, dass Leid, Schuld und Tod nicht das letzte Wort haben. Und tatsächlich: Nicht das Kreuz steht am Ende, sondern die Auferstehung!

Aber ist das wirklich so? Ungläubiges Zweifeln – auch bei Maria. Sie kann das leere Grab und all seine Zeichen nicht deuten; sie sieht nur den großen Verlust. So kann sie auch Jesus zuerst, d. h. aus eigener Kraft heraus, nicht erkennen. Sie weiß noch nicht, dass es Ostern gibt und dass Ostern gar nicht so sehr ein Gegensatz zum Karfreitag, sondern eher die Fortsetzung und Vollendung jenes Liebesweges ist, der zwar zum Kreuz führt, aber nicht am Kreuz endet.

Was Gott am brennenden Dornbusch dem Mose verkündet hatte, das hat uns Jesus durch den Einsatz Seines Lebens endgültig zugesprochen: „Ich habe das Elend meines Volkes ... gesehen und ihre laute Klage gehört. Ich kenne ihr Leid. Ich bin herabgestiegen, um sie der Hand der Ägypter zu entreißen und aus jenem Land hinaufzuführen in ein schönes, weites Land, in ein Land, in dem Milch und Honig fließen." (Exodus 3,7f.)

Gottes Liebe ist mächtig, sie will herausführen – aus dem Elend in das Gelobte Land, aus der Gefangenschaft in die Freiheit, aus der Tiefe der Erde in die Höhe Seiner Herrlichkeit. Sie ist sogar mächtiger als der Tod! Dafür ist Ostern der Beweis schlechthin. Nicht durch Machtwort oder Gewaltakt, nicht durch große Lehren oder beeindruckende Wunder, sondern allein durch Seine Hingabe hat Jesus die schier unbezwingbare Macht der Sünde und des Todes gebrochen. Indem Er sich in diese äußersten Dunkelheit hineinbegab und sie so von innen her aufbrach und verwandelte, hat Er unsere Herzen für sich gewinnen und neu zur Liebe befreien können.

Der liebende Anruf Jesu war es, der die in ihrem Schmerz so gefangene Maria von innen heraus befreite und verwandelte. So konnte diese Frau den Aposteln die Botschaft von der großen Befreiung bringen und jubelnd verkünden: „Ich habe den Herrn gesehen."

6. Tag
Matthäus 16,13–17

Lange Zeit hindurch hatten die Jünger Jesus begleitet, hatten Seine Taten und Wunder gesehen, Seine Predigten gehört. Anders als beispielsweise Paulus, hatten sie sich im Laufe der Zeit persönlich ein „Bild" von Ihm machen können. Und nun fragt Jesus sie nach dem „Ergebnis", zu dem sie gekommen sind: „Für wen haltet ihr mich?" – Möchte ich mich auch so von Jesus fragen lassen? Oder weiche ich dieser Frage lieber aus?

„... für wen haltet ihr mich?"

Jesus kommt mit Seinen Jüngern in das Gebiet von Cäsarea Philippi – ins Grenzland, an die Grenze zur Provinz Syrien. An einer Grenze, da muss man sich entscheiden: Auf welcher Seite will ich stehen? Ein klarer Standpunkt ist gefordert!

Jesus selbst fordert hier Seine Jünger heraus. In zwei Schritten führt Er sie zur eigenen Entscheidung. Zuerst fragt Er nach der Meinung der Leute: „Für wen halten die Leute den Menschensohn?" Hinter der Meinung anderer kann man sich gut verstecken; man braucht nicht Stellung zu beziehen, kann unverbindlich bleiben. – Dann aber die direkte Frage: „Ihr aber, für wen haltet ihr mich?" Jetzt ist sie da, die Stunde der Entscheidung – hier gibt es keine „Ausflüchte" mehr. Und Petrus spricht sein Bekenntnis. Er glaubt!

Zu diesem Glauben kam er nicht aus eigener Kraft. – Zum Glauben komme auch ich nicht aus eigener Kraft, Glaube ist Geschenk. Aber ich muss bereit sein, das Geschenk anzunehmen, es mir zu eigen zu machen ...

Will ich mich für Gott öffnen, meiner Sehnsucht nach Ihm Raum geben – ähnlich dem Beter des Psalms, der spricht: „Gott, du mein Gott, dich suche ich, meine Seele dürstet nach dir." (Psalm 63)?

In den vergangenen Wochen haben wir miteinander versucht, Jesus näher kennenzulernen – und zwar weniger mit dem Kopf und im Wahrnehmen historischer Fakten, sondern sozusagen „von Herz zu Herz". Jesus selbst will ja mein Herz – meine innere Mitte – anrühren, damit eine persönlichere Beziehung wachsen kann. Er selbst will und wird mich, wenn ich dafür offen bin, tiefer in das Geheimnis Seiner Person einführen.

Wie stehe ich innerlich zu Jesus? Kann ich mit Petrus sagen: „Du bist der Messias, der Sohn des Lebendigen Gottes!"?
Durch Sein Leben, Sein Leiden und Sterben hat Jesus Seine Liebe geoffenbart. In der Auferstehung erweist Er Seine Macht. Und nun führt Er auch mich in mein „persönliches Grenzland", in meine persönliche Stunde der Entscheidung: „Für wen hältst Du mich?"
Jesus wirbt um mein „Ja" – aber Er lässt mir die Freiheit, zwingt sich mir nicht auf. Doch die Frage ist da: „Was bedeute ich Dir?"

7. Tag: Rückblick

Blick noch einmal auf die beiden letzten Wochen und schau in Deine Notizen.
- Ist Dir Jesus vertrauter geworden? Gibt es etwas, einen Ausdruck, ein Zeichen Seiner Zuwendung, das Dich besonders anspricht?
- Vielleicht möchtest Du noch einiges in Deinen Notizen ergänzen, sei es bei den „guten Erfahrungen" (s. Seite 42) oder den (nebenstehenden) „Spuren Gottes in meinem Leben".

„Jesus, Dich suche ich, über Dich sinne ich nach.
Deine Liebe, Deine Macht und Herrlichkeit möchte ich sehen.
Sei Du meine Hilfe, halte Du mich fest mit Deiner rechten Hand.
Dann will ich Dich rühmen mein Leben lang." (vgl. Psalm 63)

Spuren Gottes in meinem Leben

1. Wenn ich an Situationen und Zeiten zurückdenke, in denen ich glücklich und zufrieden war, dann fällt mir ein ...

   _____
   _____
   _____
   _____

2. Für welche Menschen bin ich dankbar? Was habe ich von ihnen erfahren?

   _____
   _____
   _____
   _____

3. Gab es für mich Situationen/Zeiten, in denen ich mich als von Gott angesprochen, bejaht, geführt und getragen erlebte bzw. von denen ich heute sage, dass Gott mich damals geführt oder getragen hat?

   _____
   _____
   _____
   _____

„Gott, ich möchte glauben (können),
dass ich Dir wirklich am Herzen liege
und dass Du in meinem Leben gegenwärtig warst und bist."

Gottes Zuwendung wartet auf Antwort: SEIN Leben wählen – SEINEM JA-Wort trauen?!

Wochenpsalm

Lobe den Herrn, meine Seele!
Ich will den Herrn loben, solange ich lebe, *
meinem Gott singen und spielen, solange ich da bin.
    Verlasst euch nicht auf Fürsten, *
    auf Menschen, bei denen es doch keine Hilfe gibt.
Haucht der Mensch sein Leben aus
und kehrt er zurück zur Erde, *
dann ist es aus mit all seinen Plänen.
    Wohl dem, dessen Halt der Gott Jakobs ist *
    und der seine Hoffnung auf den Herrn, seinen Gott, setzt.
Der Herr hat Himmel und Erde gemacht,
das Meer und alle Geschöpfe; *
er hält ewig die Treue.
    Recht verschafft er den Unterdrückten,
    den Hungernden gibt er Brot; *
    der Herr befreit die Gefangenen.
Der Herr öffnet den Blinden die Augen, *
er richtet die Gebeugten auf.
    Der Herr beschützt die Fremden *
    und verhilft den Waisen und Witwen zu ihrem Recht.
Der Herr liebt die Gerechten, *
doch die Schritte der Frevler leitet er in die Irre.
    Der Herr ist König auf ewig, *
    dein Gott, Zion, herrscht von Geschlecht zu Geschlecht.
Ehre sei dem Vater ...

(Psalm 146; GL 759)

1. Tag

Verweile beim Beten des „Wochenpsalms" bei den Bildern und Versen, die Dich besonders ansprechen ...
Vielleicht formst Du auch einzelne Verse so um, dass Du Gott direkt ansprichst:

„Du, Herr, hast Himmel und Erde gemacht ..."
„Du, Herr, öffnest den Blinden die Augen ..."
„Du befreist die Gefangenen ..."

Markus 4,35-41

Nächtliche Fahrt über den See, ein Wirbelsturm kommt auf, die Jünger bangen um ihr Leben. Jesus aber ruht auf einem Kissen und schläft. Ganz unterschiedliche Gefühle können sich da melden: Empörung, Zorn, Unverständnis, Verwunderung, Staunen ...
War ich auch schon einmal so von Angst erfüllt, ähnlich wie die Jünger, die nicht mehr ein noch aus wissen und vom Sturm hin- und hergeschleudert werden?
Sie, die Jünger, erfahren das Wirken Jesu und sagen zum Schluss: „Was ist das für ein Mensch ...!" – Ja, wer ist Jesus?

Gott ist da - auch im Sturm

Jesus ermuntert die Jünger: „Wir wollen ans andere Ufer hinüberfahren." – *Ans andere Ufer*, das kann auch heißen: einen neuen Standpunkt gewinnen, einen neuen Blickwinkel, eine neue Sichtweise annehmen.
Jesus lässt die Seinen auf dieser Überfahrt nicht allein. Er lässt auch uns nicht allein, wenn wir uns auf neue Wege begeben, wenn wir uns „aufmachen zu neuen Ufern".
Die Jünger „fuhren mit ihm im Boot", heißt es im Text. Aber plötzlich, völlig unerwartet, tritt bei dieser Überfahrt zu neuen Ufern ein

Sturm auf. Heftiger Sturm – Gefahr! Das Leben kann stürmisch verlaufen – und Gott scheint zu schlafen ...!

Welche Ruhe muss Jesus haben, wie viel Vertrauen zum Vater im Himmel, dass Er so seelenruhig hinten im Boot liegt!
Mit Seiner Frage: „Warum habt ihr solche Angst?" spricht Jesus die Jünger letztlich auf ihren Glauben an. Obwohl sie Sein Tun schon so machtvoll erlebt haben, obwohl sie schon so oft Sein Vertrauen auf die Güte und Sorge des Himmlischen Vaters erfahren durften, ist ihr Glaube dennoch schwach und verzagt. Sie sind voller Angst, gepackt vom Entsetzen über die gefahrvolle Situation. In ihrer Angst wenden sie sich sofort an Jesus. Er ist gleichsam ihre letzte Hoffnung. Und tatsächlich greift Jesus machtvoll ein. Der Sturm wird zur Stille – zur Stille, die ein Geheimnis kündet: Den Jüngern gehen die Augen auf: „Was ist das für ein Mensch ..."
Sie ahnen die Größe Jesu.

In jedem Leben gibt es „stürmische Zeiten": Schicksalsschläge, Krankheit und Leid. Das ganze Leben ist dann davon geprägt, und es geht uns ähnlich wie den Jüngern: Wir sind aufgewühlt, voller Angst und Entsetzen, geplagt von körperlichen oder seelischen Schmerzen, ergriffen von dem Gefühl innerer Verlassenheit. Und wie die Jünger darf auch ich in einer solchen Situation rufen: „Meister, kümmert es Dich nicht, dass ich zugrunde gehe?"
Kann (möchte) ich glauben (können), dass Gott dann auch mir beisteht und mich zu neuen Ufern führt?
Vielleicht habe ich dies sogar schon einmal erfahren ...

Möglicherweise fällt es Dir schwer, zu glauben, dass Gott wirklich da ist und für Dich sorgt. Es scheint eher so, dass Er schläft, oder sogar, dass Er Sturm und Wirrnisse auf Dich einprasseln lässt. Womöglich empfindest Du auch die Frage Jesu „Habt ihr noch keinen Glauben?" als vorwurfsvoll und bedrängend.
Diese und ähnliche Empfindungen sind sehr verständlich. Vielleicht wagst Du dennoch, Gott zu bitten, dass Er Dein Herz berühre und öffne. Du kannst Ihn bitten, dass Er in Dir Glaube und Vertrauen wachsen lasse.

„Gott, Du mein Gott, Dich suche ich.
Zeige Dich mir so, wie Du wirklich bist."

2. Tag
Hosea 11,1-11

Ein beeindruckender und zugleich schwieriger Bibeltext. Man kann beim Lesen leicht an den Stellen „hängenbleiben", die irritieren oder sogar verärgern – man kann diese Bibelstelle aber auch als ein sehr altes und imponierendes Zeugnis der Liebe im Herzen Gottes lesen und verstehen. Mit menschlichen Worten wird hier dargelegt, wie Gott innerlich um Sein Volk ringt.

Dieser Bibeltext vermittelt uns eine Art Blick in das Herz Gottes: Das Volk Israel, das so oft die Erfahrung der Zuneigung und Treue Gottes machen durfte, hatte sich zwar auf Gott eingelassen – doch die guten Vorsätze hielten nicht lange. Diese Wankelmütigkeit und Halbherzigkeit lässt Gott nicht kalt – voller Schmerz sieht Er, dass die Menschen, die Er doch so liebt, sich nicht dauerhaft auf Ihn einlassen. Ihn schmerzt der Treuebruch, Ihn schmerzt die Sünde der Seinen. Und da Er kein unberührbarer Gott ist, lodert in Ihm „Zorn" auf: Abscheu über das Böse, über das wider-göttliche Handeln Seines Volkes. Und deutlich werden die Konsequenzen des Abfallens von Gott benannt (V. 5-6). Doch, obwohl das Volk treulos ist, will Gott es nicht „fallenlassen", sondern weiter mit den „Ketten Seiner Liebe" an sich ziehen. Nicht mit Druck und Gewalt, sondern mit einer Zugewandtheit, die stärker ist als alle Ablehnung, wirbt Er weiter um Sein Volk, wirbt Er auch weiter um uns.

Wie reagierte oder reagiere ich auf dieses Werben Gottes?

„... mit den Ketten der Liebe"

Welch ein Ringen Gottes! Er will den Menschen nicht preisgeben und ist sich nicht zu schade, wie ein Bittsteller aufzutreten und uns um unser Vertrauen zu bitten.

Als ein Liebender, dessen Liebe weiter brennt, obwohl Er nicht gehört wird, offenbart sich uns Gott in diesem Text:

„Als Israel jung war, gewann ich ihn lieb", so sagt Gott nicht nur von Seinem Volk – so sagt Gott auch zu jedem von uns: „Als Du, ..., jung warst, gewann ich Dich lieb." An vielen Stellen berichtet die Bibel, welch große Zuneigung Gott zu uns Menschen hegt und wie kostbar wir für Ihn sind.

Aber: Gott ist ein Liebender, der oftmals missverstanden, ja richtig „verkannt" wird: „Je mehr ich sie rief, desto mehr liefen sie von mir weg", klagt Er. Gott nähert sich dem Menschen, ruft ihn, ruft uns liebevoll – aber wir laufen von Ihm weg und wohl auch vor Ihm weg. Wir sind wie blind, und das schmerzt Gott: „Sie (die Menschen) aber haben nicht erkannt, dass ich sie heilen wollte." Gott will uns heilen und befreien, will uns in Zärtlichkeit an sich ziehen – doch der Blick unseres Herzens ist von Vorbehalten und Misstrauen getrübt. Zwar mögen wir Gottes Güte verstandesmäßig erkennen, dennoch gelingt es oft nicht, auch mit dem Herzen zu verstehen und darauf zu vertrauen, dass Er es wirklich gut meint. Immer wieder sind wir verschlossen, blockiert, behindert ...

Gott aber lässt in Seiner Zuwendung zu uns Menschen nicht locker. Er hält uns die Treue, wirbt weiter um uns. So lässt Er uns – sogar und gerade in Notsituationen – Erfahrungen Seiner Güte machen. Vielleicht sind es „kleine" Erfahrungen, aber sie sind da! Möglicherweise fehlt uns (noch) die richtige Brille, um Gottes wohlmeinende Fürsorge darin zu erkennen ...
Wenn es mir (noch) schwerfällt, Gottes „Liebesspuren" in den Dingen des Alltags zu entdecken, kann ich Ihn bitten: *„Herr, öffne meine Augen für die Wunder Deiner Liebe. Herr, mach Du mich sehend."*

Gottes Wohlwollen und Fürsorge sind unermesslich. Auch für mich und mein Leben gilt: „Ich (Gott) war für sie da wie die Eltern, die den Säugling an ihre Wange heben. Ich neigte mich ihm zu und gab ihm zu essen."

Habe ich diese Erfahrung schon einmal gemacht, dass Gott sich mir zugeneigt und meinen (inneren) Hunger gestillt hat? Es ist gut, solche Erfahrungen und Erlebnisse im eigenen Herzen lebendig zu halten, mit Gott darüber zu sprechen ...

„Gott, Du warst da, als …"
„Gott, Du hast Dich mir zugeneigt, als … passierte."
„Du hast mich genährt, als …"
„Gott, ich danke Dir dafür, dass …"
„Gott, ich möchte glauben (können), dass Du da warst, als …"

3. Tag

Matthäus 9,9-13

Jesus hält Gemeinschaft mit „Zöllnern und Sündern"; keinen schließt Er aus. Verstehe auch ich mich als von Ihm eingeladen – eingeladen, in Seiner Nähe zu sein?

Jesus vergleicht sich mit einem Arzt, den ja nicht die Gesunden, sondern die Kranken brauchen. Wie fühle ich mich? Sehne ich mich nach Jesus, dem Arzt?

Jesus schenkt Gemeinschaft – und fordert heraus

Jesus bietet Seine Liebe an – und zwar nicht nur einigen „Auserwählten", sondern allen. Ganz bewusst auch denen, die Ihn von sich aus gar nicht suchen. Er ruft die Menschen, lädt sie ein – und fordert sie damit auch zur Entscheidung heraus, sich auf Seine Einladung einzulassen.
Matthäus ließ sich darauf ein: Er folgte Jesu Ruf. Wie viel an Vertrauen, Kraft und Hoffnung hat wohl die Begegnung mit Jesus in Matthäus geweckt, dass er die zwar nicht gut angesehene, aber doch sehr einträgliche Arbeit beim Zoll aufgab und seinem Leben einen neuen Inhalt und eine neue Richtung gab!

Jesus wendet sich allen Menschen zu; auch solchen, die schlecht angesehen sind, die mit ihrem Leben unzufrieden sind, vielleicht auch Schuld auf sich geladen haben. Allen wendet Er sich zu, möchte tiefste Erfüllung schenken, Gemeinschaft mit Ihm, tiefste Beziehung zu Gott. Zu neuen Sichtweisen und einem anderen Lebensstil möchte Er uns führen – und Er wartet darauf, ob wir beginnen, uns auf Ihn einzulassen.

Jesus wendet sich dem ganzen Menschen zu, und Er fordert auch den ganzen Menschen heraus. Sich auf diesen Ruf einzulassen fällt (zunächst) nicht leicht, da können sich Widerstände, Ängste, Unsicherheiten und Vorbehalte melden. Das alles kann uns lähmen – aber Gott lässt uns damit nicht allein. Er kennt uns, kennt unsere Schwächen, unser Versagen, die Zweifel und Nöte. Und Er bietet Seine Hilfe an: „Nicht die Gesunden brauchen den Arzt, sondern die Kranken." – Will ich mich diesem Arzt anvertrauen, will ich mit Seiner Hilfe neue Wege gehen?

„Herr ich komme zu Dir mit meiner großen Sehnsucht,
mit der Sehnsucht nach erfülltem Leben.
Du kennst mich und weißt, wie es in mir aussieht.
Schau auf meine Zerrissenheit, meine Angst, meine Unruhe,
meine vergeblichen Bemühungen, meine Enttäuschungen ...

Schau aber auch auf meine Hoffnungen, auf meinen guten Willen.
Herr, Du weißt, ich möchte Dir und Deinen Verheißungen vertrauen.
Hilf mir, wirklich an Dein Wort zu glauben.
Hilf mir, Deiner Liebe zu trauen.
Hilf mir, mich auf Dich und Dein Leben einzulassen."

4. Tag

Matthäus 14,22-33

Jesus geht über den See. Die Jünger sehen Ihn. Doch sie erkennen Ihn nicht, sondern erschrecken. Ist Gott nicht auch mir manchmal ganz fremd, so dass ich vor Ihm erschrecke?

Jesus aber ermutigt: „Habt Vertrauen!" Kann bzw. will ich wie Petrus dem Ruf folgen, will ich den Schritt auf Jesus hin wagen?

„Habt Vertrauen, ich bin es"

Petrus steigt aus. Er lässt Vertrautes los, das, was ihm bisher Sicherheit gab. Er verlässt die – ja auch gefährdete – Sicherheit des Bootes und wagt einen ungewohnten und ungewöhnlichen Schritt. Im Blick auf Jesus wächst ihm dazu der Mut. Und Mut braucht er, denn auf Gott zu vertrauen kann risikoreich erscheinen.

In der Tat: Zum Weg des Glaubens gehört das Wagnis. Immer wieder gilt es, vertraute, aber einengende Sicherheiten und hinderliche Lebenshaltungen loszulassen und sich Gottes Führung anzuvertrauen. Zu diesen Schritten lädt Gott uns ein. Wer aber alles in der Hand haben und bestimmen will, wer immer schon weiß, wo es langgeht, wer sich verschließt und abkapselt, wird sich für neue Sicht- und Handlungsweisen kaum öffnen. Vertrauen kann nur entstehen und wachsen, wenn wir uns von der Illusion lösen, dass wir alles überblicken, absichern oder bestimmen können.[1]

Gott ermutigt mich, Schritte zu wagen, vor denen meine Angst mich eher abhält. Wie damals den Petrus, so ruft und fordert Er jetzt mich heraus, mich auf Sein Wort und Seine Verheißungen zu verlassen. Nicht mehr ich soll mein Leben „in der Hand haben", sondern ich darf und soll mich von Ihm führen lassen. Zugleich stellt Gott mir die Perspektive vor Augen, innerlich freier zu werden. Die damit verbundene Entscheidung nimmt Er mir freilich nicht ab: Ich muss mich für diesen Weg mit Ihm und zu Ihm, eben für den Weg des Gottvertrauens, entscheiden und muss bereit sein, mich von Haltungen, die dem entgegenstehen, zu verabschieden.

Stundenlang (die vierte Nachtwache beginnt erst um 3 Uhr!) werden die Jünger vom Sturm hin- und hergetrieben. Als dann Jesus erscheint, wird ihre ganze innere Not, werden Angst und Zweifel offenbar. Doch Jesus spricht ihnen Mut zu.

Auch ich darf und soll mich – wie Petrus – von Jesus rufen lassen, die (relative) Sicherheit des Bootes – z. B. meine Lebenspläne, vertraute Ansichten oder alteingefahrene Gewohnheiten – aufgeben und mich aufs sturmbewegte Wasser, ins Ungesicherte, wagen.

---

[1] Ein Blick auf die existentiellen Vor-Gegebenheiten unseres Lebens kann helfen, die eigenen Grenzen ebenso wie die Notwendigkeit des Vertrauens zu erkennen. Im Anschluss an diesen Besinnungstext wird dies näher ausgeführt.

Dazu werde ich gerufen, aber nicht gezwungen. Ich habe die Freiheit, zu entscheiden, ob ich mich darauf einlasse oder nicht. Ermutigend wird mir zugerufen: „Hab Vertrauen! Du kannst den Schritt ins Ungesicherte wagen! Denn Er, der Dich ruft, ist kein bedrohliches Gespenst, sondern Jesus selbst. Er ist die leibhaftige Botschaft der Liebe Gottes, jener Liebe, die absolut trägt." – Ob und inwieweit ich mich auf dieses Wagnis tatsächlich einlasse, bleibt mir überlassen. Doch die Einladung steht ...

Solange ich den Blick fest auf Ihn gerichtet halte, hat das Wasser gleichsam Balken – ich werde getragen. Wenn ich Ihm wirklich vertraue, kann ich Schritte ins Ungewisse wagen. Sobald ich aber auf Sturm, Nacht und Wellen schaue, auf die Schwierigkeiten, von denen ich mich bedroht fühle – und nicht mehr auf Ihn – überfällt mich die Angst, und ich versinke darin. Doch selbst dann streckt Jesus mir die Hand entgegen und ermutigt: „Mag Dein Glaube auch klein und von Zweifeln angefochten sein – auf mein Wort hin lass die vertrauten Sicherheiten los und wage den neuen Weg."

*„Im Anschauen Seines Bildes,
da werden wir verwandelt."*

Der folgende Text nimmt Grundbedingungen der menschlichen Existenz in den Blick und zeigt auf, dass wir in fundamentalen Bereichen unseres Lebens keineswegs frei sind. (Ausführungen, die Du aber auch gern überspringen kannst.)

* * * * * *

Grundbedingungen und Grenzen unserer Existenz

Unsere menschliche Situation ist schon etwas eigenartig, scheinbar widersprüchlich: Von Gott mit freiem Willen beschenkt und begabt, sind wir dennoch den wesentlichen Bedingungen unserer Existenz gegenüber unfrei: Grundsätzlich können wir uns nicht selbst das Leben geben. Und im Konkreten leben wir unter Bedingungen, die wir in keiner Weise bestimmen können. Wir befinden uns in einer existentiellen Abhängigkeit und Unfreiheit, die ganz zentrale Bereiche des Lebens betrifft:

4. Woche – Gottes Zuwendung wartet auf Antwort

So hat niemand bestimmt und wird auch nie jemand bestimmen können, ob, wie oder wann er zur Welt kommt (als Frau oder Mann, im 15. oder 20. Jahrhundert ...). Das, was unsere *Existenz* so wesentlich ausmacht, wird nicht von uns entschieden. Es ist uns vorgegeben.

Ebenso unfrei sind wir gegenüber unserer *Vergangenheit*. Was geschehen ist, ist geschehen – kein Ereignis unseres Lebens, nichts von dem, was wir taten oder erlitten, lässt sich rückgängig oder ungeschehen machen.

Genauso machtlos stehen wir unserer *Zukunft* gegenüber. Auch wenn wir unser Sterben womöglich einige Zeit hinausschieben können, der Tod wird kommen – und zwar unausweichlich.

Schließlich unterliegt es auch nicht unserer Entscheidung, ob es etwas Höheres, etwas Über-uns-Stehendes gibt – wie etwa Wahrheit und Gerechtigkeit – und schon gar nicht, ob es *Gott* gibt oder nicht. Ob es Ihn gibt, woher unser Leben kommt, ob unser Leben ein (von Gott gegebenes) Ziel hat, bestimmen nicht wir. Im Gegenteil: Diese Vorgegebenheiten bestimmen uns.

Diese vier „Grenzpflöcke" der menschlichen Freiheit fordern heraus – und zwar unser Selbstverständnis und unsere Freiheit. Letztlich geht es um die je persönliche innere (Grund-)Einstellung zum eigenen Leben – um eine Grundentscheidung über die Haltung zu den (Vor-)Gegebenheiten der eigenen Existenz. Zweifellos können wir gegen all das, was uns vorgegeben ist, anrennen, können versuchen, es zu verdrängen.

Aber wir können diese Gegebenheiten auch als Herausforderung und Chance betrachten, nicht (mehr) uns selbst, sondern ganz Gott zu vertrauen. Dies so zu benennen, mag zunächst schockieren. Doch zu meinen, wir könnten die Entscheidung, ob wir im Leben tatsächlich auf Gott setzen oder nicht, beliebig hinausschieben, ist ein Irrtum. Denn auch ein unentwegtes Ausweichen oder Hinausschieben ist eine Art Entscheidung: Letztlich ist es eine Verweigerung, sich *wirklich* auf den Weg des Gottvertrauens einzulassen.

5. Tag

Lukas 1, 26-38

„Sei gegrüßt ... der Herr ist mit dir", lautet der Gruß des Engels.
„Der Herr ist mit dir" – das galt nicht nur für Maria, damals vor 2000 Jahren, das gilt auch heute, das gilt auch für Dich!
Dieser Gruß spricht eine ganz tiefe Wahrheit aus: Was immer sein mag – der Herr ist mit Dir! Gott ist es, der letztlich Dein Wesen prägt. Seine Gegenwart ist es, die Dich erfüllt – Dich mehr und mehr erfüllen will und soll.

„Der Herr ist mit Dir!" – Wie geht es mir, wenn ich das höre? Möchte ich auch so angesprochen werden? – Kann ich diesen Gruß an mich heranlassen?

„SEIN Leben wählen"

Ist das nicht eine Zumutung für Maria?! Sie, die „keinen Mann erkennt", also nicht mit einem Mann in intimer Gemeinschaft lebt, soll schwanger werden! Das widerspricht doch allen menschlichen Erfahrungen und Vorstellungen.
Was mutet Gott ihr da zu! Kann Er überhaupt erwarten, dass sich ein Mensch auf so etwas einlässt?!
Beim Lesen des (Bibel-)Textes mögen Fragen aufkommen, es mag sich auch Unmut melden. Durchaus verständlich. Versuche dennoch, Dich auf diese Bibelstelle einzulassen.

Sie beginnt mit dem Gruß des Engels, in dem Maria als „Begnadete" bezeichnet wird! Dieses Wort mag uns fremd und altmodisch erscheinen, sagt aber etwas Wichtiges aus: Maria stand und steht „in der Gnade Gottes"! Gottes Kraft ruht auf ihr, durchströmt sie, will ihr Wesen bestimmen. „In Gottes Gnade stehen", das heißt: „voll und ganz von Gott beschenkt und erfüllt sein".

Der Gruß des Engels ist mehr als „nur" ein Gruß – er ist die Zusage: „Was immer auch kommen mag, Gottes Kraft erfüllt Dich!"

Und dies nicht nur in Zukunft, es war schon so in der Vergangenheit – auch wenn Du es gar nicht bemerkt hast. Und es gilt auch hier und heute: „Gottes Kraft erfüllt Dich! Er beschenkt Dich und will Dich auch weiterhin beschenken." Wenn Gott den Menschen ruft, rüstet Er ihn auch aus. Gott gibt das, was wir brauchen, und Er gibt es als Vorschuss, als Vorleistung – zudem völlig gratis!

Diese Zusage der Kraft und Gegenwart Gottes gilt auch uns! In jeder Eucharistiefeier werden wir daran erinnert. Und weil wir uns oft schwertun, diese Wahrheit ins Herz fallen zu lassen, wird uns in jeder Messe gleich viermal zugesprochen: „Der Herr sei mit euch!"

Ja, Der Herr ist mit mir, auch ich stehe in Seiner Gnade! Auch mich will Er mit Seinem Heiligen Geist erfüllen, auch mir will Er Seine göttliche Kraft schenken.

Möglicherweise geht es mir ähnlich wie Maria: Sie kann nicht gleich verstehen, wie der Weg aussehen soll, den Gott sie führen will. Maria aber duckmäusert nicht, sondern reagiert selbstbewusst und „mündig". Sie fragt nach: „Wie soll das geschehen ...?" Und Gott sagt nicht: „Mal sehen", sondern gibt eine klare Antwort: „Der Heilige Geist wird über dich kommen ..."

Uns erscheint diese Antwort vielleicht gar nicht klar – dennoch ist sie es! Sie sagt nämlich: Du musst es nicht selbst vollbringen – und auch nicht überblicken. Gott wird wirken und lenken.

„Der Heilige Geist wird über dich kommen ..." Dies ist das größte Gottes-Geschenk: Erfüllt-Werden mit Gottes Geist, Erfüllt-Werden mit Gott selbst! Und darauf lässt Maria sich ein: „Mir geschehe ..." Dieses „Mir geschehe, wie du es gesagt hast" bedeutet: „Ja, Gott, DIR will ich trauen, DEIN Leben will ich wählen."

6. Tag

Markus 1,14-15

Schon Johannes der Täufer hatte zur Umkehr aufgerufen (Markus 1,4) und die Menschen im Jordan getauft. Auch Jesus beginnt Sein öffentliches Wirken mit dem Aufruf zur Umkehr.

Umkehr, das bedeutet: Einen anderen, einen neuen Weg einschlagen: Der Liebe Gottes trauen, vermeintliche Sicherheiten loslassen und sich auf Ihn und Seine Botschaft einlassen! Umkehren heißt: Ich will mich von der Vorstellung lösen (lassen), ich könne alles selbst in die Hand nehmen, regeln, bestimmen, absichern ...

Für diesen Vertrauensschritt habe ich die Zusage Jesu: „Das Reich Gottes ist nahe." Ja, Gottes Reich ist nahe, seit Jesus uns auf dem Weg des Vertrauens vorangeht und begleitet.
Und deshalb ist es auch weder meine Kraft noch mein Wille, sondern Gottes Nähe und Güte, die mich zur Umkehr ruft, treibt und befähigt (vgl. Römer 2,4).

„Kehrt um und glaubt"

„Das Reich Gottes ist nahe", lautet die zentrale Botschaft Jesu. „Reich Gottes" ist dort, wo Gottes Liebe „herrscht", wo Gottes Gegenwart und Sein Wille alles durchstimmt und bestimmt.
Jesus ruft gleich zu Beginn Seines Wirkens dazu auf, sich dieser Herrschaft Gottes zu öffnen, damit Sein Reich der Liebe, das durch Jesu Kommen zum Greifen nahe ist, tatsächlich Wirklichkeit werden kann.

Jesus verheißt nicht nur, dass Gott sich uns Menschen tatsächlich zuwendet, Er selbst ist die menschgewordene Zuwendung Gottes. Er nimmt sich der Menschen in ihren konkreten leiblichen und seelischen Nöten an. Er heilt und hilft. Ja, Er löst sogar die Fesseln von Sünde und Tod und begründet damit eine neue Zukunft: ewiges Leben bei Gott und mit Gott.

In Jesus Christus und durch Ihn wirbt Gott um uns und sagt: „Kehrt um und glaubt! Glaubt dem Evangelium, glaubt der Botschaft, die Euch wirklich erfüllen und frohmachen kann! Kehrt um und glaubt mir – ich selbst bin diese frohmachende Botschaft."

Jesus spricht auch uns heute an. Auch mir persönlich ruft Er zu:

„Die Zeit ist erfüllt – Deine persönliche Heilszeit ist jetzt nahe. Kehre um und glaube!" Er umwirbt mich und sagt: „Wende Dich mir zu. Prüfe, ob das, was Dir bisher im Leben so wichtig war und woran Du Dich gehalten hast, Dein Leben wirklich trägt und erfüllt. Setze auf mich – Du weißt, dass Du aus meiner Liebe niemals herausfällst. Wähle MEIN Leben, mache Dir meinen Lebensstil zu eigen, der ganz von Liebe und Vertrauen bestimmt ist!"

Versuche, Dich in das berichtete Geschehen (Markus 1,14-15) hineinzudenken. Stelle Dich in Deiner Phantasie selbst in die Volksmenge, die der Predigt Jesu lauscht.

Kannst Du Seinen Verheißungen glauben und Dich auf Ihn einlassen? Er spricht Dich persönlich an, fordert Deine Entscheidung heraus: Deine Entscheidung für Ihn. Und zugleich verheißt Er Dir SEIN Leben – ein „Leben in Fülle" (Johannes 10,10).

„Herr, der Schritt auf Dich hin fällt mir schwer, ich fühle mich oft innerlich hin- und hergerissen. Manchmal wehrt sich in mir sogar alles gegen Dich. Ich habe Angst vor dem Wagnis, mich Dir ganz anzuvertrauen. Herr, Du allein kannst mich frei machen von allen Fesseln.

Befreie mich von meiner inneren Reserviertheit, von falscher Angst, von meinem Misstrauen. Ich möchte an Deine grenzenlose Liebe glauben (können). Wecke Du in mir Vertrauen und Liebe zu Dir.

Herr, wirke Du in mir, damit ich den Mut finde, mich tatsächlich auf Dich als meinen Herrn und Gott einzulassen. Amen."

7. Tag

Rückblick

Blick noch einmal auf die vergangene Woche zurück:
Welche Gedanken waren Dir besonders wichtig?
Was hat Dich länger beschäftigt?
Hat sich in Deiner Beziehung zu Gott etwas verändert?
Jesus lädt auch Dich ein, Ihm zu trauen und auf Ihn zu setzen ...

Unterwegs zu neuer Freiheit – trotz der Wunden der Vergangenheit

Wochenpsalm

Herr, ich suche Zuflucht bei dir. *
Lass mich doch niemals scheitern!
   Reiß mich heraus und rette mich in deiner Gerechtigkeit, *
   wende dein Ohr mir zu und hilf mir!
Sei mir ein sicherer Hort, *
zu dem ich allzeit kommen darf.
   Du hast mir versprochen zu helfen; *
   denn du bist mein Fels und meine Burg.
Für viele bin ich wie ein Gezeichneter, *
du aber bist meine starke Zuflucht.
   Gott, bleib doch nicht fern von mir! *
   Mein Gott, eile mir zu Hilfe.
Auch wenn ich alt und grau bin, *
o Gott, verlass mich nicht.
   Du ließest mich viel Angst und Not erfahren.
   Belebe mich neu, *
   führe mich herauf aus den Tiefen der Erde!
Bring mich wieder zu Ehren! *
Du wirst mich wiederum trösten.
   Dann will ich dir danken mit Saitenspiel *
   und deine Treue preisen;
mein Gott, du Heiliger Israels, *
ich will dir auf der Harfe spielen.
   Meine Lippen sollen jubeln, denn dir will ich singen
   und spielen, *
   meine Seele, die du erlöst hast, soll jubeln.
Ehre sei dem Vater ...

(aus Psalm 71; vgl. GL 733)

5. Woche – Unterwegs zu neuer Freiheit

Die nachfolgenden Texte verstehen sich als Hilfe zum Umgang mit den eigenen schmerzlichen Erfahrungen. Sich auf diese belastenden Erfahrungen einzulassen ist ein Prozess, der je nach Situation unterschiedlich viel Zeit braucht. Da zudem einige der Besinnungstexte etwas länger sind, ist es hier besonders sinnvoll, bei dem zu verweilen, was durch den Text angesprochen wird, und sich ggf. auch mit dem einen oder anderen Text zwei Tage lang zu beschäftigen.

Die nachfolgenden Besinnungen möchten zu einer neuen Freiheit verhelfen. Manchmal ist da auch ein persönliches, seelsorgliches Gespräch wichtig. Wenn im Kurs dafür bisher keine Möglichkeiten angegeben wurden, frage ruhig nach.

Ebenso wichtig ist es, den eigenen Schmerz betend vor Gott auszusprechen und loszulassen. So führen auch die Texte dieser Woche immer wieder zum Beten.

Zuweilen ist es sinnvoll, nach Ende des Kurses sich nochmals auf den Prozess dieser Woche einzulassen und die folgenden Besinnungstexte erneut zu lesen. Zusätzlich sei auf das zum Kurs gehörenden Themenheft (Lesebuch) verwiesen, das u. a. ein passendes längeres Gebet enthält.

1. Tag

Setze Dich entspannt hin. Spüre, wie Dein Atem kommt und geht. Vielleicht hast Du in der Zwischenzeit schon gute Erfahrungen mit dem „Atemgebet" gemacht. Heute bist Du wieder ausdrücklich dazu eingeladen:

Bete wie gewohnt beim Einatmen: *„Jesus"* und versuche, beim Ausatmen – ohne Worte – all das loszulassen und auszuatmen, was an Alltagsgeschäft oder Belastung in Dir ist. Beim Einatmen öffne Dich dann wieder bewusst für Gottes Gegenwart: *„Jesus"*.

Römer 8,31–39

Gott ist für uns – und zwar immer. Jesus, der Sohn Gottes, tritt unentwegt für uns ein. Nichts kann mich von Seiner Liebe trennen! Gott ist es, der uns „gerecht" macht. Er ist es, der uns aufrichtet, indem Er uns unter Seine Gnade stellt (d. h.: Seine Nähe schenkt).

Gott umfängt alles – auch die Schmerzen meiner Vergangenheit. Letztlich kann mich nichts mehr von Ihm trennen!

Möchte ich dieser Liebe trauen? Vermag ich zu glauben, dass Gottes Zuwendung und Kraft größer ist als alles Leid?

Nichts kann uns trennen von der Liebe Christi

Jesus tritt für uns ein, für jeden Einzelnen, auch für mich! Er steht zu mir! „Der Herr ist bei mir, ich fürchte mich nicht. Was können Menschen mir antun?", beteten wir im Wochenpsalm der 3. Woche. Aber – stimmt das denn?! Wie viel Schreckliches können Menschen einander antun, wie viel wurde *mir* schon zugefügt!

„Für viele bin ich ein Gezeichneter", heißt es diese Woche im Psalm. Vom Leben gezeichnet sein – wer kennt das nicht? Vom Leben gezeichnet sein durch innere Wunden, Schicksalsschläge, Krankheiten: Erfahrungen, die lähmen können. Dann – gerade dann – stellt sich die Frage nach Gott! „Gott, mein Gott, warum hast du mich verlassen?", schrie Jesus am Kreuz. Auch Jesus war vom Leben gezeichnet! Auch Er stellte die Frage nach Gott. Ja, Er schrie nach Gott – schrie Seine ganze Not heraus.

Aber selbst, als alles „aus" zu sein schien, ließ Jesus von Gott nicht ab, gab Seine Verbindung zum Vater nicht auf. Und Er wurde gehört – und erhört! Der Vater ließ Seinen Sohn in dieser Dunkelheit nicht allein. Er stärkte Ihn so, dass Jesus beten konnte: „Vater, in deine Hände lege ich meinen Geist." (Lukas 23,46) – Jesu Verbundenheit mit dem Vater hörte auch im Sterben nicht auf.

Wie ist es mit mir und Gott, wenn mein Leben verdunkelt ist? Jesu Wort, dass Er uns in Seine Gemeinschaft mit dem Vater hineinnehmen will, gilt. Das ist Seine Verheißung, das ist das große Geschenk Christi! Er will, dass nichts, kein Schicksalsschlag, kein Unglück, keine Kränkung, kein Leid ... unser Vertrauen auf Gottes Liebe zerstören kann. Paulus ist fest davon überzeugt: „Weder Tod noch Leben, weder Engel noch Mächte, weder Gegenwärtiges noch Zukünftiges, weder Gewalten in der Höhe oder Tiefe noch irgendeine andere Kreatur können uns scheiden von der Liebe Gottes, die in Christus Jesus ist, unserem Herrn."
Egal, was kommen mag, ich stehe in Gottes Liebe.

Zweifellos starke und ermutigende Worte. Doch, was heißt das konkret? In der 2. Woche (4. Tag) wurde Gottes Liebe an einem Bild veranschaulicht: Jesus lässt Menschen, die „in einem Loch sitzen", nicht allein. Durch Christi Menschwerdung, Leiden und Sterben wird deutlich: Gott schreckt vor menschlichem Leid nicht zu-

rück. Im Gegenteil: In Jesus kommt Er selbst in jedes „Loch", in jedes Leid hinein. Ja, auch im tiefsten Leid ist Jesus bei uns, möchte uns an Seinem Vertrauen zum Vater teilhaben lassen.
Gerade wenn mir Schreckliches widerfährt, ist Er nicht fern. Er ist da, steht mir bei. Er leidet mit mir, und Er leidet für mich. Wenn ich das zulasse und annehme, ist selbst die schlimmste Situation nicht mehr aussichtslos. Denn ich bin nicht allein und bin nicht verlassen.
Kann ich diesen Gedanken an mich heranlassen?
Habe ich den Wunsch, die Sehnsucht, glauben zu können, dass Gott tatsächlich auch in den Momenten bei mir war, als mir Schmerzliches, vielleicht ganz Schreckliches widerfuhr?

„Gott, ich möchte glauben (können), dass Du auch zugegen warst, als in meinem Leben .... passierte."

Nichts kann uns scheiden von der Liebe Christi: keine Not, keine Bedrängnis, kein Leiden. Auch kein Hadern! Nichts, wirklich nichts!

Weil ich Ihm am Herzen liege, geht Jesus in Seiner Liebe zu mir in jede schmerzliche Situation mit hinein – in jede Dunkelheit und in jedes „Loch". Zwar nimmt Er mir nicht die Last, aber Er stärkt mir den Rücken, die Schultern und das Herz. Und Er hilft mir, mit dieser Last umzugehen. So komme ich aus meiner Not heraus und erfahre neue Freiheit. Deshalb kann uns Paulus zusagen: „Alle Bedrängnis, alle Verletzungen, alle (innere) Not ... ‚überwinden wir durch den, der uns geliebt hat'."

Vielleicht betest Du jetzt nochmals den Wochenpsalm.

2. Tag

Markus 8,22-26

Auf ungewöhnliche Weise heilt Jesus den Blinden: Handauflegung und Berührung mit Speichel sind Seine „Heilmittel"!
Könnte ich das bei mir selbst zulassen?
(Wo) Sehne ich mich nach Heilung?

Jesus heilt

Ein Blinder wird zu Jesus gebracht. Seine Begleiter – nicht er – wenden sich an Jesus. Sie erhoffen, dass Jesu Berührung tiefgreifende Veränderung bringt. Und Jesus geht auf ihren Wunsch ein.
Nebenstehendes Bild zeigt die liebvolle Berührung Jesu: Den Kranken mit dem linken Arm stützend, umfängt ihn Jesus fürsorglich und legt ihm die rechte Hand auf die Augen. Ihm, der so gerne sehen möchte, werden von Jesus förmlich „die Augen zugehalten".
Auf den ersten Blick scheint dies eine seltsame, ja hinderliche Geste zu sein. Aber offenbar geht es nicht darum, dass dieser Kranke „einfach so" sehend wird. Es geht um tiefgreifendere Veränderung. Dieser Mensch muss neu sehen lernen – sein Inneres muss erst geöffnet werden für diese neue Sichtweise! Und dies geschieht durch eine sehr persönliche und intensive Begegnung mit Jesus und durch ein ungewöhnliches Heilmittel: Wie liebende und fürsorgende Mütter es bei ihren Kindern tun, so bestreicht auch Jesus das kranke Körperteil mit Speichel. Jesus gibt etwas von sich selbst – gibt letztlich sich selbst. In der Begegnung mit Jesus liegt Kraft; die Heilung beginnt.

Eine solche Heilung ist ein Prozess: Erst allmählich kommt der vormals Blinde dazu, „richtig" sehen zu können. Zunächst bleibt er bei den Vorstellungen haften, die bisher sein Leben prägten: „Ich sehe Menschen; denn ich sehe etwas, das wie Bäume aussieht und umhergeht." Vom Tasten her kannte er sich wohl mehr mit Bäumen aus als mit Menschen. Seine Heilung braucht noch Zeit. Es bedarf erst einer erneuten Berührung durch Jesus ...

Das Bild zeigt, wie Jesus liebend diesen Kranken umfängt. Irgendwie scheint es so, als würde Jesus diesen Menschen zunächst aufrichten – ihm innerlich neuen Stand verleihen.
Noch kann der Blinde Jesus nicht anschauen. Dazu müssten ihm die Augen geöffnet werden und er selbst müsste sich Jesus zuwenden. – Das Evangelium zeigt, dass Jesus auch hier den ersten Schritt tut: Er spricht den Kranken an. Bis jetzt wurde nicht von Worten zwischen den beiden berichtet. Nun eine neue Weise der Begegnung! Und ein ganz neuer Schritt für diesen Menschen, der zuvor so auf fremde Hilfe angewiesen war: Jesus mutet und traut ihm zu, den Weg selbständig weiterzugehen. Er schickt den Geheilten „nach Hause".

5. Woche – Unterwegs zu neuer Freiheit

Vielleicht ist mit diesen Worten (auch) das „innere Zuhause" gemeint: „Geh nach Hause – schau, wer Du selber bist – lerne Dich und Dein Leben neu sehen!" Verbunden mit dieser Ermutigung ist die Warnung: „Geh aber nicht in das Dorf hinein!" Das kann heißen: „Mach nicht einfach weiter wie bisher. Zieh Dich eine Zeitlang zurück, löse Dich aus eingeschliffenen Beziehungsmustern – das ist jetzt notwendig, um den Heilungsprozess zu vollenden."

Für eine tiefgreifende Heilung ist es zuweilen erforderlich, manches hinter sich zu lassen – so, wie die weit entfernten und kaum erkennbaren Häuser des Dorfes auf unserem Bild. Nicht sie stehen im Mittelpunkt, nicht das alltägliche Leben, sondern der kostbare und heilende Moment der Begegnung mit Jesus.

Jesus heilt – und bietet an, dass wir Menschen uns vertrauensvoll an Ihn wenden. Ersehne auch ich Heilung? Bin auch ich möglicherweise blind, obwohl ich zwei (relativ) gesunde Augen habe? Blind für meine Realität? Blind vor Angst, Zorn oder Enttäuschung? Blind für die Schönheiten des Lebens, da ich vieles eher negativ sehe, oft bedrückt bin? Vielleicht will ich auch manches, das gewesen ist, gar nicht wahrhaben, will an Schmerzhaftes nicht erinnert werden ...

Darf Jesus mich berühren – auch wenn es (zunächst) unangenehm oder schmerzhaft ist? Bin ich bereit, mit Belastendem in Kontakt zu kommen? Möchte ich Jesus in meine Erinnerungen, sogar in jene Dunkelheiten hineinlassen, die ich lieber verschlossen halte?

Versuche, Dich an wichtige Stationen Deines Lebens zu erinnern, an Schönes, an positive Erfahrungen – aber auch an Belastendes. Vielleicht notierst Du Dir einiges von dem, was Dir einfällt. Denke an positive Erfahrungen von Liebe und Geborgenheit. Denke an Situationen, in denen Du Gottes Nähe erfahren hast:

„*Gott, ich glaube, dass Du in Deiner Liebe zugegen warst, als ...*"

Lass auch die Erinnerung an belastende Erlebnisse zu. Sage Gott, was Du empfindest, wenn Du Dich an jene schmerzhaften Begegnungen erinnerst, mit denen Du gern Frieden schließen möchtest. Schütte vor Gott Dein Herz aus, sprich vor Ihm Deinen Schmerz und Deine Sehnsucht aus:

„*Gott, in meinem Herzen steigen oftmals Misstrauen, Schmerz, Trauer, Wut auf. – Aber ich möchte glauben (können), dass Du auch bei mir warst und zu mir standest, als ich .... erleiden musste.*"

3. Tag

Beginne Deine heutige Gebetszeit mit dem Wochenpsalm und verweile einige Zeit bei diesem Gebet des Vertrauens, bevor Du Dich der heutigen Bibelstelle zuwendest:

Lukas 13,10-13

Versuche, Dich in die Situation dieser Frau zu versetzen. Vielleicht nimmst Du (nach dem Lesen dieser Zeilen) selbst eine möglichst zusammengekauerte und verkrümmte Sitzhaltung ein und bleibst einen Moment so sitzen. Spüre, wie Dein Atmen sich verändert, eingeengter wird. Welche „Stimmung" macht sich in Dir breit, welche Gedanken kommen Dir ...?

Richte Dich nach einer Weile wieder auf – auch den Blick der Augen. Spüre, wie Dein Atem frei(er) fließen kann, wie sich Deine innere Atmosphäre vielleicht verändert ...

„Frau, du bist von deinem Leiden erlöst"

Eine Frau – jahrelang krank, Heilung scheint nicht mehr möglich. Irgendwie ist diese Krankheit nicht zu packen – von einem „Dämon" ist die Rede, der diese Frau quält. Vielleicht ist das, was hier mit „Dämon" bezeichnet wird, Ausdruck dafür, dass diese Frau sich von ihrer Last *beherrscht* und ihrer Not ausgeliefert fühlt. Möglicherweise hat sich auch eine verdrängte, sehr schmerzliche Erfahrung so in Seele und Leib eingegraben, dass dies zu innerer und äußerer Verkrümmung führte.

Wie mag diese Frau damit umgehen? Ob sie mit ihrem Schicksal hadert oder sich aufgegeben hat und nur noch „dahinvegetiert"? Vielleicht gehört sie zu den Menschen, die von Kindesbeinen an lernen mussten, sich massiv zurückzunehmen. Möglicherweise war ihr durch allzu viele Ermahnungen die Eigeninitiative abhanden gekommen. Wer das erlebt, traut sich kaum noch etwas zu. Angstvoll zu buckeln, wird ihm zur zweiten Natur.

Nun ist Jesus in die Synagoge gekommen. In Ihm beugt Gott selbst sich herab und wendet sich dem Menschen zu. Das Bild zeigt es deutlich: Jesus spricht nicht einfach stehend – von oben herab – ein Heilungswort. Nein, Er kauert sich nieder. Auch Er verkrümmt Seinen Rücken. Er übernimmt die Situation dieser Frau: die Stellung der Beine und Füße, die Körperhaltung ist wie ein Spiegelbild der Kranken. Und doch zeigen Kopfhaltung und Arme einen wesentlichen Unterschied an: Die Frau schaut nicht zu Jesus hin, kann sich Ihm (noch) nicht zuwenden. Sie scheint in sich gefangen zu sein, Jesus hingegen ist innerlich frei.

So kann Jesus Kraft, Hoffnung und innere Freiheit auf die Kranke übertragen – und sie von ihrem Leiden „erlösen". In diesem Wort „erlösen" schwingt viel mit: das Gebunden- und Ausgeliefertsein ebenso wie die Loslösung und Befreiung, die Gott schenkt.

„Im gleichen Augenblick richtete sie sich auf und pries Gott", berichtet die Bibel. Die Begegnung mit Jesus löste alle Fesseln. Nicht mehr (innerlich) verkrümmt oder verzagt, nicht mehr gedemütigt ist diese Frau, sondern frei: Jetzt kann sie das tun, was ihr achtzehn Jahre lang nicht möglich war: Sie richtet sich auf und preist Gott!

5. Woche – Unterwegs zu neuer Freiheit

Die Frau ist wieder gesund. Doch der Heilungsprozess ist damit nicht abgeschlossen. Es gilt, das Geschehene in die Lebensgeschichte zu integrieren, und zwar die Krankheit wie die Heilung. Möglicherweise ist es notwendig, dass diese Frau sich (endlich) eingesteht: „Doch, es war verständlich, ja in gewisser Hinsicht notwendig, dass ich nur noch so verkrümmt dasaß: Bei dem, was mir früher an Schrecklichem widerfahren ist, war dies sozusagen die einzige Überlebensmöglichkeit." Vielleicht verspürt sie (womöglich überhaupt zum ersten Male) eine tiefe Empörung über das, was ihr früher angetan worden ist. Vermutlich braucht sie Zeit, ihr langes Kranksein als Folge von tiefen Verletzungen zu begreifen und anzunehmen. Und sie kann allmählich lernen, ihr Verkrümmtsein nicht (mehr) als Schande, sondern als verständlichen und ihrer früheren Lebenssituation angemessenen Teil ihrer Lebensgeschichte zu sehen.

Vermutlich hast Du Dich beim Lesen in manchem wiedergefunden. Lenke Deinen Blick auf das, was Dich innerlich „krümmt", was Dir Kraft raubt, Dich lähmt. Sich etwas aufzuschreiben, von der Seele zu schreiben, kann hilfreich sein. Versuche auch, die dunklen Seiten Deines Lebens betend vor Gott zu bringen:

„Gott, ich erlebe mich manchmal als klein, bin innerlich „zu". Schweres in meinem Leben drückt mich nieder, und zuweilen möchte ich meine Wut und meine Empörung herausschreien. Aber oft ist mein Mund wie verschlossen …
Menschen erwarten oder fordern von mir, ich solle doch anders sein. Aber ich kann nicht! Und angesichts meiner Lebensgeschichte ist das so verständlich! Gott, Du weißt, was mich innerlich niederdrückt, was mir Mut und Kraft raubt.
Du verstehst mich – auch wenn ich anders denke oder handle, als ich selbst gerne möchte oder andere es von mir erwarten."
Richte Deinen Blick auf eine ganz konkrete belastende Erfahrung:
„Gott, Du weißt, was mir geschehen ist. Du weißt, wie sehr ich damit hadere, wie schwer ich daran trage. Manchmal überkommt mich eine Wut, sogar eine richtige Wut auf Dich …! Ich fühle mich von Dir im Stich gelassen.
Dennoch möchte ich glauben (können), dass Du in Deiner Liebe und Deinem Mitleiden bei mir warst, als ich ………… erleiden musste."

4. Tag

Johannes 5,1–9

Viele Kranke liegen da am Teich und warten auf Heilung, die erfahrungsgemäß demjenigen zuteil wird, der beim Aufwallen des Wassers als erster in den Teich steigt.
Kenne ich das auch, dieses Warten auf Veränderung? Dieses Warten darauf, dass etwas besser wird – dieses Warten, das immer wieder in Gleichgültigkeit und Resignation umkippen kann?
Und was ist, wenn Jesus mich fragt: „Willst Du gesund werden?"

Willst Du gesund werden?

Am Teich Betesda liegt dieser Mann, der schon seit 38 Jahren krank ist. Jesus sieht ihn und fragt: „Willst du gesund werden?" Seltsame Frage – ist es denn für einen Kranken nicht selbstverständlich, gesund werden zu wollen?
Ist es das wirklich? Der Mann im Evangelium hatte wohl resigniert und sich mit seinem Kranksein abgefunden. Müde äußert er: „Ich habe keinen ..." Eine Veränderung seiner Situation scheint er nicht (mehr) für möglich zu halten – vielleicht auch nicht zu wollen ...

Will ich Veränderung? Weiß ich, wo ich innerlich blind, lahm, verkrüppelt, verletzt bin – vielleicht gelähmt durch Angst und Schüchternheit oder verkrüppelt, weil ich zu viel um mich selbst kreise?

Möchte ich mutiger werden, aus mir herausgehen, mal etwas riskieren ...? Möchte ich von übertriebenem Ehrgeiz loskommen, vom Gefühl, stets zu kurz zu kommen, oder von anderen „Eigenheiten"? Will ich, dass sich etwas verändert – ich mich verändere?

„Willst Du geheilt werden?", fragt Jesus auch mich. Mit meinem „Ja" gestehe ich zugleich meine Heilungsbedürftigkeit ein: „Ja, so steht es um mich! Manches ist nicht in Ordnung, aber ich möchte geheilt werden."

5. Woche – Unterwegs zu neuer Freiheit

Egal, wie mein Leben verlaufen ist, Jesus sagt JA zu mir. Er sagt JA zu mir, so, wie ich bin – mit meinen Ecken und Kanten, mit meinen Verletzungen, mit meinem Frust ... Zusammen mit Jesus kann ich all dies anschauen. Ihm darf ich mich zeigen, wie ich bin – ohne Angst, dass Er mich verurteilt oder zurückstößt.

Mehr als es uns oft bewusst ist, wird unser Verhalten von „dunklen Kräften", die aus dem Inneren aufsteigen, beeinflusst oder sogar bestimmt. Wenn diese aufwallen, drängen wir sie gern zur Seite, weil wir nicht wissen, wie wir damit umgehen sollen. Diese Kräfte und Gefühle sind aber Realität, gehören zu uns. Es gilt, sie als einen Teil von uns zuzulassen und weder sie noch uns selbst zu be- oder verurteilen ... Jesus verurteilt uns schließlich auch nicht!

Im Glauben an Jesu erbarmende Liebe kann ich mich dem Dunklen, Lähmenden und Bedrängenden in meinem Inneren stellen. Ich kann Ihn bitten: „*Belebe mich neu, führe mich herauf aus den Tiefen der Erde!*" (Psalm 71) Im Glauben an die Kraft und Nähe Jesu wird es Schritt für Schritt möglich, mit Belastendem anders umzugehen: etwas loszulassen, von manchem frei zu kommen, anderes als Last anzunehmen und (gemeinsam mit Ihm) zu tragen.

Das gilt auch für Belastungen, die ich schon so lange mit mir herumtrage, dass sie mir zur zweiten Natur geworden sind. Das können Ressentiments sein, jahrelange Feindschaften oder auch, dass ich mich oft innerlich kleinmache und selbst verachte. Im Vertrauen auf Jesu Nähe und Liebe, an Seiner Seite, kann und „darf" ich mich von all dem lösen, was so selbstzerstörerisch in mir wirkt. Jesus möchte mich heilen, aber Er zwingt sich nicht auf. Ich darf und muss entscheiden, ob ich mich auch mit dem Dunklen in mir vor Ihm öffne und mich auf Ihn einlasse.

„Gott, Du kennst meine Empfindungen von Wut, Trauer und Scham.
Du kennst meine Angst, mein Misstrauen, meinen Zorn ...
Ich will mich davon mehr und mehr trennen (können).
Aber das fällt mir schwer, ohne Deine Hilfe kann ich es nicht.
Schenke Du mir Deine Kraft dazu."
„Jesus, manche innere Haltung und Empfindung behindert mich schon
viele Jahre lang. Auch mich fragst Du, ob ich geheilt werden will.
Du weißt, dass ich das möchte."

„Die barmherzige Dreieinigkeit" lautet der Titel der abgebildeten Plastik. Hingebungsvoll nimmt Gott-Vater hier den zerschundenen Menschen in Seine Arme. Jesus beugt sich wie bei der Fußwaschung nieder, berührt mit Seiner Hand die Füße, will sie möglicherweise liebkosen und küssen. Und der Heilige Geist kommt „wie im Sturzflug" mit Seiner heilenden und belebenden Kraft zu Hilfe. Eine unbegreifliche Zuwendung, die Gott jedem Menschen schenken will.

„Gott, Du siehst mein Elend, stehst mir bei in meiner Not.
Du beschenkst mich mit Deiner Kraft.
Im Vertrauen auf die Macht Deiner Liebe lasse ich los
(möchte ich mich von dem lösen; löse ich mich von dem),
was an Hass, Unversöhnlichkeit, Vorbehalten, ... in mir ist.
Du sagst JA zu mir, deshalb will ich mich auch von der Neigung lösen,
mich selbst innerlich kleinzumachen und für wertlos zu halten ... –
mich zu verurteilen bzw. perfekt und fehlerfrei sein zu müssen ..."

5. Tag
Lukas 5,27–32

Jesus kommt zu Levi, dem Zöllner. Die Pharisäer murren.
Kann ich mich freuen, wenn anderen Menschen Gutes zuteil wird?

Die Zuwendung Jesu verändert Levi: Dieser ändert sein Leben.
Habe ich Sehnsucht nach heilen und frohmachenden Beziehungen?
Kann/Möchte ich lernen, auch mit Menschen, die mir wehgetan haben, von neuem Gemeinschaft zu haben?

„Umgang färbt ab" – Umgang mit Jesus verändert

Jesus sieht Levi am Zoll und tut, wie so oft, den ersten Schritt: den Schritt, der das Leben entscheidend verändert. „Folge mir nach", sagt Er und meint: „Lass Dich auf mich ein, vertraue mir! Lass Dich nicht von Deiner Vergangenheit gefangennehmen, auch nicht von Selbstvorwürfen oder dem, was andere über Dich denken. Schau nach vorne, sieh die Einladung, mit mir den Weg zu gehen!" – Levi geht auf dieses Angebot ein. Er lässt zurück, was war, und lädt Jesus in sein Haus, d. h. in sein konkretes Leben ein. Levi macht die Tore seines Lebens weit auf für Jesus. Etwas Neues beginnt ...

Auch mich und mein Leben will Jesus verändern. Er lädt mich ein, Ihm zu vertrauen und mich für Ihn zu öffnen. Auch mein Herz will Er groß und weit machen, will das Starre in mir lösen, die Folgen so mancher schmerzlichen Lebenssituation heilen: Von meiner Unzufriedenheit, vom Kreisen um Verletzungen und Belastungen, von Selbstgerechtigkeit, Besserwisserei und anderen unguten Verhaltensweisen, die ich infolge mancher negativer Erfahrung übernommen habe, will Er mich befreien.

Die Bibel berichtet, dass die Pharisäer über Jesu Verhalten empört sind. Gefangen in ihrer Selbstgerechtigkeit und der Verurteilung der Zöllner, schauen sie nicht mehr auf den konkreten Menschen und geben ihm auch kaum eine Chance. – Erlebe ich mich manchmal ähnlich engherzig, selbstgerecht oder murrend wie diese Pharisäer? Bin ich schnell „sauer" oder eingeschnappt (d. h. innerlich „zu") und möchte doch gerne anders reagieren? Lasse ich mich leicht von Zorn, Wut oder Groll beherrschen – schimpfe vielleicht in Gedanken vor mich hin oder male mir aus, was alles passieren könnte ...?

Jesus kann und will meine innere Haltung, mein Herz verändern – und zwar nicht durch Zurechtweisung („Jetzt reiß Dich mal zusammen!"), sondern durch Zuwendung, durch die Erfahrung Seiner Nähe. Denn „Umgang färbt ab", Umgang mit Jesus verändert.
Sehne ich mich nach solcher Veränderung? Traue ich Ihm zu, dass Er mein Herz freier, größer und weiter machen kann? Traue ich Ihm zu, dass Er mich mehr und mehr von meinen Ängsten, den destruktiven Gedanken und der Engherzigkeit befreien wird?

Levi lässt sich auf Jesus ein, und Jesus schenkt ihm Seine heilende Nähe. Auch uns bietet Jesus diese verwandelnde Gemeinschaft an. Niemand von uns ist wirklich gesund, niemand völlig heil. Jeder benötigt Jesu Hilfe und Zuwendung, benötigt Seine erbarmende Liebe. Er, der Arzt, weiß um uns – weiß, wem vor allem Seine Fürsorge und Aufmerksamkeit gehört: „Nicht die (scheinbar) Gesunden brauchen den Arzt, sondern die Kranken."

Und dieser Arzt will uns nicht nur äußerlich, sondern von innen her neuschaffen: „Ich nehme das Herz aus Stein aus eurer Brust und gebe euch ein Herz aus Fleisch." (Ezechiel 36,26)
Gott will uns neugestalten. Er will den Geist, die Atmosphäre in unserem Herzen verändern. Dies gilt es, zuzulassen. Denn es geht ja nicht darum, dass wir nur willentlich unser Verhalten kontrollieren, dass wir versuchen, uns zu beherrschen (während es innerlich vielleicht mächtig brodelt), sondern darum, dass Er uns dieses „neue Herz" schenken darf, ein Herz, das lebt und liebt.

Bin ich bereit, mich Jesus wirklich anzuvertrauen mit all dem, was mich bedrückt und belastet? Bin ich bereit zu einem Neuanfang – auch dort, wo Menschen mich verletzt haben?

Im Vertrauen auf Gottes grenzenlose Liebe kann auch ich meine Mauern öffnen und beginnen, Schritte der Versöhnung zu tun:

„Jesus, Du bietest auch mir Deine Gemeinschaft an, und ich will Dir mein Herz öffnen. Löse und befreie, was in mir starr geworden ist.

Hilf mir, Schritte der Versöhnung zu tun und aus der Kraft Deiner Nähe zu beten (beten zu können):
‚Jesus, in Deinem Namen und im Vertrauen auf die Macht Deiner Liebe zu mir möchte ich .... vergeben (können), dass er/sie ....'"
„Jesus hilf mir, auch mit mir selbst einen Neuanfang zu wagen, dort, wo ich mir selbst etwas nicht vergeben kann.
Ich weiß, dass Du immer zu mir stehst, egal was gewesen ist.
Hilf mir, dass ich mich nicht selbst abschreibe oder verurteile."

6. Tag

Matthäus 15,29–31

Jesus setzt Menschen in Erstaunen: Er heilt die vielen Kranken, die zu Ihm gebracht werden.
Kann ich glauben, dass Jesus auch heute heilt, dass Er von ganz konkreten Nöten befreit? Möchte ich auch zu Ihm? Traue ich Ihm zu, dass Er mir helfen kann?

„Und er heilte sie alle"

Jesus kommt nach Galiläa und steigt auf einen Berg. Der Berg ist in der Bibel immer ein Zeichen der Nähe Gottes. Jesus lebt in der Verbundenheit mit dem Vater, und aus dieser Beziehung heraus heilt Er die vielen, die sich Ihm hilfesuchend anvertrauen.

Er will, dass wir heil sind. Welch ein Schmerz muss in Gott selbst sein, wenn Er die vielfältigen Verletzungen sieht, die wir Menschen (in der Freiheit, die Er schenkt) einander zufügen. Wie groß muss Gottes Liebe sein, wenn Er zu uns nicht auf Distanz bleibt, sondern sich selbst diesen Schmerz zumutet – sich in Seinem Sohn leibhaftig auf all unsere Leiden einlässt.

Im Vertrauen auf diese Liebe kann ich meinen eigenen Problemen auf den Grund gehen, kann Antriebe und Ängste anschauen und es wagen, mit „Dunklem" in Berührung zu kommen. So werde ich entdecken, wo schmerzliche Erfahrungen mich belasten oder meine Erziehung mir Fesseln angelegt hat. Doch im Wissen um Gottes Liebe ist es möglich, mit Verletzungen anders – freier – umzugehen und zu lernen, zu sich zu stehen und sich anzunehmen.

Denke nochmals an Stationen Deines Lebens zurück, an Frohmachendes und Bedrückendes (siehe 2. Tag). Bitte Jesus um Befreiung von dem, was Dich fesselt. Steige im Gebet mit Ihm auch in das hinab, das Dir unangenehm ist, das Du als „Schmutz" empfindest. Lass Ihn wirken – Er will „Schmutz" in Schmuck verwandeln, in ein kostbares Geschenk für Dein Leben (vgl. Jesaja 61,1–3a).

Es kann sinnvoll sein, mit einer Vertrauensperson – Seelsorger oder Seelsorgerin – über Deine Erfahrungen zu sprechen und sie zu bitten, mit Dir und für Dich um „Innere Heilung" zu beten. Es gibt Ähnlichkeiten zwischen einem solchen Gebet und einer psychologisch orientierten Therapie. Beide brauchen Zeit und gehen in die Tiefe. Dieser Tiefgang jedoch ist nicht zerstörerisch; vielmehr wird unsere Person nach dem Bild Jesu Christi neu aufgebaut (was keine Psychotherapie vermag); bis dahin, dass wir – wie Paulus – sagen können: „Nicht mehr ich lebe, sondern Christus lebt (immer mehr) in mir." (Galater 2, 20)

Jesus möchte uns von allem befreien, das uns hindert, Ihm ähnlich zu sein. Wenn ich mich zunehmend für Ihn öffne, lerne ich zu verzeihen – anderen und mir. Ohne die Bereitschaft, zu vergeben und Vergebung anzunehmen, ist „Innere Heilung" nicht möglich.

Denke an Menschen, die Dich tief verletzten. Vielleicht schließt Du die Augen – gehst in Deiner Vorstellung auf einen dieser Menschen zu – schaust ihn an – zeichnest ihm ein Kreuz auf die Stirn:

„Jesus, in Deinem Namen und im Vertrauen auf die Macht Deiner Liebe zu mir, möchte ich vergeben (können), dass er/sie .... "

„Den Nächsten lieben *wie dich selbst*" ist ein Teil des „Liebesgebotes" Jesu (Markus 12,28-31). Es ist wichtig und unerlässlich, auch sich selbst immer wieder zu vergeben, genauer gesagt: sich selbst – auch mit seinem Versagen – mehr und mehr anzunehmen:

"Jesus, ich möchte auch mich selbst mit meinen Fehlern und Schwächen annehmen können. Ich möchte zu dem stehen, was mich belastet, und auch zu dem, was hinter mir liegt.
Ich weiß, dass Du mich liebst und mich bejahst. Hilf mir, stärker aus Deiner Nähe und Bejahung zu leben."
"Viel Leidvolles habe ich erleben müssen. Ich möchte mehr und mehr zu all dem ja sagen können, auch dazu, dass Du .... zugelassen hast. Ich vertraue darauf, dass Du mich liebst und immer geliebt hast. Stärke mein Vertrauen zu Dir!"
"Jesus, heile meine Verletzungen, Ängste ... Lass mich Deine Gegenwart erfahren gerade in dem, was mich bedrückt, an das ich nicht erinnert werden möchte. Hilf mir, es als Teil meines Lebens zuzulassen."

7. Tag: Rückblick

Denke nochmals an das, was Dich in dieser Woche beschäftigt hat. Schau auf *eine* leidvolle Erfahrung. Achte auf die Empfindungen, die in Dir sind ... Bitte Gott, dass Du mit Seinen Augen auf das Geschehene blicken kannst – dass Er Dir Frieden schenkt.

"Du ließest mich viel Angst und Not erfahren, belebe mich neu! Schenke mir rechte Einsicht, lass mich Deiner liebenden Gegenwart trauen und mit Deinem Blick der Liebe das Geschehene betrachten."

Versuche auch, mit den Augen des Herzens für manches in Deinem Leben einen neuen Blick zu gewinnen:
- Lässt sich in dem, was schmerzt, was Unrecht war, trotz allem Dunklen nicht auch etwas Wertvolles und Wichtiges finden?
- Vielleicht habe ich mich selbst neu bzw. besser kennengelernt ...
- Vielleicht nehme ich scheinbare Selbstverständlichkeiten nicht mehr ganz so selbstverständlich ...
- Vielleicht beginne ich zu erkennen, wie die Enttäuschungen und Demütigungen von Gott mit Sinn erfüllt wurden (indem sie mich z. B. bescheidener machten, mir eine neue Freiheit schenkten).

"Gott, so manches bleibt für mich eine Frage. Aber ich möchte glauben, dass Du mich dennoch in allem geliebt hast und liebst. Und ich möchte glauben, dass Deine Liebe stärker ist als all die Dunkelheiten meines Lebens. So will ich, – trotz Leid, Schmerz und mancher Frage – mehr und mehr Ja zu Dir sagen. Ich möchte glauben und vertrauen: Du bist Gott! Du bist gut! Amen."

Neuanfang ist möglich – es gibt Vergebung!

Wochenpsalm

Aus der Tiefe rufe ich, Herr, zu dir: *
Herr, höre meine Stimme!
    Wende dein Ohr mir zu, *
    achte auf mein lautes Flehen!
Würdest du, Herr, unsere Sünden beachten, *
Herr, wer könnte bestehen?
    Doch bei dir ist Vergebung, *
    damit man in Ehrfurcht dir dient.
Ich hoffe auf den Herrn, es hofft meine Seele, *
ich warte voll Vertrauen auf sein Wort.
    Meine Seele wartet auf den Herrn *
    mehr als die Wächter auf den Morgen.
Mehr als die Wächter auf den Morgen *
soll Israel harren auf den Herrn.
    Denn beim Herrn ist die Huld, *
    bei ihm ist Erlösung in Fülle.
Ja, er wird Israel erlösen *
von all seinen Sünden.
    Ehre sei dem Vater ...

(Psalm 130; GL 191)

1. Tag

Lass Dir zunächst Zeit für den Wochenpsalm. Bete ihn langsam. Verweile bei den Worten oder Sätzen, die Dich ansprechen ... Vielleicht möchtest Du auch einzelne Verse umformulieren oder mit eigenen Worten ergänzen.

Genesis 3,1–6

Diese „Geschichte vom Sündenfall" ist kein historischer Bericht – sie ist eher so etwas wie eine Weisheits-Erzählung. In einem Bild wird hier eine tiefe Wahrheit kundgetan: die Wahrheit über die Anfälligkeit und Sündhaftigkeit des Menschen und die Wahrheit über Gott, der uns Menschen nicht fallen lässt.

Was springt Dir beim Lesen ins Auge? Was irritiert oder wirft Fragen auf? – Findest Du Dich in diesem Bibeltext wieder?

„Ihr werdet wie Gott ..."

Gott hat uns Menschen geschaffen, geschaffen als Sein Abbild, Ihm ähnlich (s. Genesis 1,26). Er hat uns „mit Herrlichkeit und Ehre gekrönt", heißt es in Psalm 8. Ja, Gott möchte uns an Seiner göttlichen Größe teilhaben lassen! Und wir spüren in uns auch etwas von dieser Größe. Aber: Wie oft vergessen und verkennen wir, dass diese Größe und Würde nicht unser eigenes Werk, sondern reines Geschenk sind. Gott hat uns groß gemacht.

Eigentlich hätten wir allen Grund, dankbar zu sein – doch wie schnell werden wir unzufrieden, missmutig oder misstrauisch. Wir wollen nicht abhängig sein – auch nicht von der Gunst anderer. Wir möchten alles selbst in die Hand nehmen bzw. in der Hand behalten – und so oft meldet sich der Drang, mehr zu haben und mehr zu sein ...!

Die Sündenfallgeschichte spricht von diesem Drang, alles selbst in der Hand haben zu wollen, und sie spricht ebenfalls von der Neigung zum Misstrauen – und zwar Misstrauen gerade auch Gott gegenüber: Meint „Der" es wirklich gut mit uns, mit mir – oder will Er mich doch klein halten ...?! – Und wenn sich dann das Misstrauen mit der Tendenz „mehr sein zu wollen" verbindet, hat dies verheerende Folgen. Beziehungen werden zerstört: die Beziehung zwischen Mensch und Gott ebenso wie die zwischen Mensch und Mitmensch – und nicht zuletzt die Beziehung zu sich selbst. Die biblische Erzählung drückt dies in bildhaft-symbolischer Weise aus:

Die Schlange, Symbol für die sich heranschlängelnde und nicht leicht zu fassende Versuchung bzw. den Versucher, fragt scheinbar arglos: „Hat Gott wirklich gesagt ...?" Damit wird Misstrauen gesät! Diese harmlos klingende „Frage" enthält die versteckte Botschaft, dass Gott besser nicht zu trauen sei! In Wirklichkeit sei Er ja gar nicht so gut und lieb, wie es scheint: Er gönne uns nicht alles, wolle uns klein halten ... Die Schlange spritzt ihr Gift genau in die empfindsame Stelle der Angst um den eigenen Selbstwert. Der aufsteigende Impuls „Statt Gott zu vertrauen ist es doch besser, die Dinge selbst in die Hand zu nehmen!" gefährdet das Gottvertrauen.

So sät die Schlange Skepsis, Unsicherheit und Angst in Evas Herz. Deren Ur-Vertrauen zu Gott gerät ins Wanken. Ihre Verwurzelung in Gott ist nicht (mehr) stark genug, um dem aufkommenden Vorbehalt ein entschlossenes „Nein, ich vertraue!" entgegenzusetzen. Und schon ist es passiert: Eva verwickelt sich in ein Gespräch mit der Schlange, lässt sich mehr und mehr vom Misstrauen gefangennehmen. Dabei gerät sie in innere Panik und behauptet sogar, sie dürfe nicht einmal die Früchte des Baumes in der Mitte berühren. Das aber hat Gott nie gesagt!

Nun kann die Schlange ihren zweiten Giftpfeil abschießen: „Gott weiß vielmehr: Sobald ihr davon esst, gehen euch die Augen auf, ihr werdet wie Gott ..." Das ist es: werden wie Gott! Nicht mit dem zufrieden sein, wer und was ich bin! Nein, mehr sein, noch mehr ..., selbst Gott sein wollen ...! Natürlich nicht Gott und Herr der ganzen Welt – aber in meinem eigenen Leben möchte ich die Fäden in der Hand haben, möchte ICH bestimmen! Dies ist die Urversuchung, die Gefahr, in der wir uns ständig befinden. Die Neigung, ängstlich-selbstherrlich um sich selbst zu kreisen, sitzt so tief in jedem von uns, dass sie zur zweiten Natur[1] geworden ist:

---

[1] Diese Anfälligkeit und Sündhaftigkeit des Menschen wird mit dem (leicht missverständlichen) Wort „Erbsünde" bezeichnet. Erbsünde meint die innere Entfremdung, die zu unserem Menschsein dazugehört. So, wie der Mensch zur Welt kommt, steht er seinem Schöpfer gegenüber in einem unheilen Zustand der Entfremdung, und diese Entfremdung behindert ihn auch in seiner Beziehung zu seinen Mitmenschen, zu sich selbst und zur Schöpfung.

6. Woche – Neuanfang ist möglich

ICH will doch mein Leben selbst in die Hand nehmen. ICH will doch groß dastehen! ICH will nicht von anderen abhängig sein, will mich nicht verdanken müssen! ICH, ICH, ICH ...!

Nun, groß bin ich ja tatsächlich, sogar sehr groß, bin ich doch Abbild Gottes. Und dazu noch von Ihm unendlich geliebt. Doch wie oft vergesse ich dies! Wie stark sind dann der Drang und Wahn in mir, ich hätte selbst die Fäden meines Lebens in der Hand. Wie schnell glaube ich, dass Gott sich nicht genügend um mich kümmert und ich Ihm nicht voll vertrauen kann – etwa bei Erfahrungen, in denen ich mich klein und gedemütigt fühle. Dann meldet sich bei manchem Menschen das Bestreben, groß dazustehen, Geltung zu haben, es den anderen zu zeigen ... Bei anderen steigen Trauer, Resignation, Bitterkeit darüber auf, dass sie offenkundig nicht genügen oder dass die eigenen Wünsche nicht erfüllt werden. Und schnell herrscht dann das Empfinden, nichts wert zu sein ...

Dies ist die Spannung, in der wir leben: Wir sind kostbar und groß, sind Abbild Gottes – und dennoch „nur" Mensch, Gottes Geschöpf und anfällig für das Böse. Wir sind und bleiben von Seiner Güte „abhängig". Das kann zum Vertrauen einladen – aber auch Misstrauen wecken. Das kann faszinieren – aber auch erschrecken. Auf das Wohlwollen eines anderen angewiesen und ganz davon abhängig zu sein, kann leicht zum Widerspruch reizen.

2. Tag

Genesis 3,1–13

Der Mensch hat sich von Gott abgewandt, hat Ihn hintergangen. Und Gott? Gott lässt den Menschen nicht fallen, nein Er sucht ihn, sucht das Gespräch mit ihm. Gott selbst sucht den Menschen in dieser Situation auf und fragt ihn: „Wo bist Du? Was ist geschehen? Wo bist Du innerlich hingeraten, was ist los mit/in Dir?"
Darf Gott auch mich so fragen, wenn mein Herz abgewandt oder verschlossen ist, wenn ich mich für mein Verhalten schäme ...?

„Bleibt in meiner Liebe"

Dies ist Bitte und Sehnsucht Gottes: „Bleibt in meiner Liebe." (Johannes 15,9) Jesus selbst ruft es uns zu und spricht unsere eigentliche Identität an: Wir sind von Gott geliebt!
Aus Gottes Zuneigung und Fürsorge fallen wir nicht heraus, auch dann nicht, wenn wir uns von Ihm abwenden. Die „Sündenfallgeschichte" verkündet uns nicht nur den Fall des Menschen, sondern zugleich die bleibende Zuwendung und Treue Gottes.

Vielleicht erstaunt oder irritiert Dich diese Aussage – gerade angesichts der Anweisung Gottes: „... doch vom Baum der Erkenntnis darfst du nicht essen, denn sobald du davon isst, wirst du sterben." Ist Gott missgünstig, kleinlich – oder was ist da gemeint?!

Vom „Baum der Erkenntnis essen" heißt: Gott in Seiner ganzen Herrlichkeit sehen und erkennen. Das aber könnten wir Menschen „zu Lebzeiten", also hier auf Erden, nicht aushalten – ähnlich wie wir auch den direkten Blick in die Sonne nicht ertragen können. Wir würden vergehen, und davor will Gott uns bewahren. Noch ist es für die direkte Gottesbegegnung zu früh. Doch Gott will uns verändern, uns zur vollen Gemeinschaft mit Ihm befähigen und uns – nach unserem Erdenleben – Seine ewige Gemeinschaft schenken. Dann werden wir Ihn schauen, wie Er ist! Aber: Noch ist es nicht soweit – und deshalb das vorläufige „Verbot", das Ausdruck Seiner Fürsorge ist. Weiß Er doch, dass wir noch nicht reif genug sind ...

Was geschah nun, als sich der Mensch in Misstrauen und Größenwahn von Gott abgewandt hatte? Was geschieht heute, wenn ein Mensch dies tut und sündigt? – Gott hält dennoch die Treue! Mehr noch: Er wendet sich dem Menschen zu. Gott selbst sucht den Menschen: „Wo bist du?", heißt es im Text. Gott sucht weiter das Gespräch, bleibt mit uns in Beziehung. Er weiß um die Not, die mit der Sünde verbunden ist – diese Not, vor der Er uns hatte bewahren wollen: Wenn die bergende Gemeinschaft mit Gott und Mitmensch zerbricht, wird die eigene „Nacktheit" bedrohlich. Ich erkenne meine „Schwachheit und Gefährdung", schäme mich, muss mich schützen. – Auf Gottes Nähe vertrauend, wäre ich darauf gar nicht angewiesen. Mir wäre bewusst: Der Mantel Seiner Fürsorge und Zuwendung umfängt und schützt mich wirklich. Bei Gott kann und darf ich „nackt" sein, die vertrauende Beziehung zu Ihm gibt Geborgenheit und Halt. Seine Zuwendung gibt mir Leben.

Und wenn ich aus dieser Beziehung ausbreche? Dann geht es mir wie Adam: Gott ruft auch mich: „.............................., wo bist Du?" Er stellt mich zur Rede: Mein Gewissen meldet sich. Zugleich lädt Gott mich ein, die Beziehung zu Ihm wieder aufzunehmen, neu anzufangen und Seinem Erbarmen zu vertrauen! „Bleibt in meiner Liebe", das ist Sein Wunsch – und zugleich das Angebot, das Er uns macht!

„Denn beim Herrn ist die Huld, bei Ihm ist Erlösung in Fülle."

3. Tag
Lukas 18,9–14

Der Pharisäer bemüht sich, die Gebote zu erfüllen und Gutes zu tun. Das ist sicherlich richtig und gut. In diesem Gleichnis geht es aber nicht um das *Tun* des Pharisäers, sondern um seine *Haltung*: Dieser sieht nämlich nur die eigenen „guten Taten" und sonnt sich darin. Mit sich zufrieden, schaut er hochmütig auf andere herab ...

Und ich? Erfüllt auch mich zuweilen das Empfinden, im Großen und Ganzen schon rechtschaffen und gut zu leben, insbesondere, wenn ich mich mit anderen vergleiche?
Sonne ich mich nicht auch manchmal in trügerischer Selbstzufriedenheit – meldet sich da nicht so etwas wie der „Pharisäer in mir"?

„Gott, sei mir Sünder gnädig"

Zwei ganz unterschiedliche Menschen stehen im Gebet vor Gott: Zum einen der Pharisäer: ein Mensch, der sich entschieden hat, genau nach den Vorschriften und Geboten zu leben. Ein Pharisäer, das ist in den Augen der Leute jemand, der „weiß", wie man gläubig lebt. Er ist sozusagen „ein berufsmäßiges Vorbild".

Dann ist da der Zöllner, d. h. jemand, der auf der Seite der römischen Besatzungsmacht steht und der berufsmäßig seine Landsleute betrügt, wenn er die Zollgebühr nach eigenem Gutdünken festsetzt. Ein Zöllner galt damals schlichtweg als schlechter Mensch, von dem man sich tunlichst fernzuhalten hatte.

Pharisäer und Zöllner stehen im Gebet vor Gott: Der eine ist innerlich davon erfüllt, dass er ordentlich lebt und das tut, was recht ist. An seine guten Taten denkend, schaut er nach oben und dankt Gott. Aber im Herzen kreist er um sich selbst. Stolz auf seine Leistungen, hält er sich für groß und schaut verächtlich auf den Zöllner herab. Der Pharisäer betet – aber steht er zu Gott auch in einer Beziehung des Vertrauens?

Der Zöllner, der sich seines Versagens schämt, schaut nicht einmal auf. So hat man leicht den Eindruck, dieser Zöllner habe eine falsche und übertriebene „Demut". Aber das Gegenteil ist der Fall: Er sieht sich, wie er wirklich ist: als Sünder, als jemand, der vor Gott in Schuld steht und auf Gottes Güte und Erbarmen angewiesen ist. Dieser Zöllner weiß um die Barmherzigkeit Gottes. Er weiß und anerkennt, dass er dieser Barmherzigkeit bedarf, und er vertraut auf das göttliche Erbarmen. So ist er weder von krankhaftem Stolz noch von falscher Demut getrieben. Ehrlich und vertrauensvoll kann er beten: „Gott, sei mir Sünder gnädig."

Er, der vor Gott nicht die Augen zu erheben wagt, steht in vertrauender Beziehung zu Gott. Da er sich unter Gottes Erbarmen stellt, richtet Gott ihn auf und nimmt alle Schuld von ihm. Deshalb „kehrte er als Gerechter nach Hause zurück".

„Im Anschauen Seines Bildes, da werden wir verwandelt, da werden wir verwandelt in Sein Bild", heißt es in einem Lied. Wenn ich ehrlichen Herzens auf Gott schaue, Sein Bild und damit letztlich Ihn selbst in mich aufnehme, ändert sich mein Herz. Wenn ich meine eigene Wirklichkeit sehe, meine Fehler und Schwächen, wenn ich meine Schuld vor Gott bekenne und Ihn um Sein Erbarmen bitte, dann wird mein Herz gewandelt. Mehr und mehr verwandelt, wird es dem liebenden Herzen Gottes ähnlicher.

„Gott, im Anschauen Deines Bildes,
da werden wir verwandelt in Dein Bild."

4. Tag

Zärtliche und liebevolle Umarmung zweier ungleicher Gestalten:
Mit rotem Umhang festlich bekleidet, beugt sich der Ältere über den zerlumpten jungen Mann. Dieser birgt seinen kahlgeschorenen Kopf an dessen Brust.

Richtig schutzsuchend kniet er da, als wage er gar nicht aufzublicken. Auch wenn er jetzt so heruntergekommen und zerlumpt ist, wird er doch liebevoll, behutsam und schützend in die Arme genommen.

Keine stürmische Umarmung, sondern eine eher stille und sehr innige: Behutsam ruhen die Hände auf dem Rücken des jungen Mannes.

Ungleiche Hände sind es: eine Männer- und eine Frauenhand. Väterlich und mütterlich zugleich stellt Rembrandt

den Vater bei der „Rückkehr des Verlorenen Sohnes" dar.

Verweile noch eine Zeitlang bei diesem Bild. Fühlst du Dich von diesen Personen, von dieser Begegnung angesprochen?
Vielleicht möchtest Du über dieses Bild und das dargestellte Geschehen mit Gott ins Gespräch kommen ...

Lukas 15,11–32

Sehr verschieden sind sie, diese beiden Söhne im Gleichnis: forsch und unternehmungslustig, ja sogar aufsässig der eine, „brav und bieder" der andere.
Kenne ich das auch: brav – und doch innerlich beziehungslos? Vielleicht geht es mir in meiner Beziehung zu Gott manchmal ähnlich?

„Mein Sohn war tot und lebt wieder"

Oft geht der Mensch erst einen langen Weg und verrennt sich, bevor er sich eingesteht, dass er in die Irre gegangen ist, dass es ihm „saudreckig" geht. Alles scheint verloren, aussichtslos. Und dennoch: Der Vater wartet auf unsere Heimkehr, darauf, dass wir uns Ihm wieder zuwenden. Alles – wirklich alles – wird Er verzeihen, auch das, was wir uns selbst nicht verzeihen können.

Jesus zeigt uns im „Gleichnis vom Barmherzigen Vater" nicht nur Gottes bedingungsloses Erbarmen, sondern stellt uns im Vater und den beiden Söhnen drei verschiedene Verhaltensweisen vor.

Vielleicht erkenne ich mich in dem Sohn wieder, den man den „verlorenen" nennt. Da lebte oder lebe ich eher auf Distanz zu Gott, habe mich möglicherweise von Ihm abgewandt. Womöglich fällt es mir schwer, eine Möglichkeit für den „Rückweg" zu sehen.

Manchmal glaubt ein Mensch, er habe so schwer gesündigt, dass Gott ihm nicht vergeben könne. Aber Gottes erbarmende Liebe ist größer als alle Schuld. Und wie im Gleichnis der Vater seinen Sohn sehnlichst erwartet, hält auch Gott nach uns Ausschau. Seine vergebende Liebe, Sein Erbarmen schenkt Er jedem, der an diese Vergebung glaubt, sie erbittet und annimmt. Und die „Heimkehr", die Versöhnung mit Gott, wird zum Fest: „Mein Sohn war tot und lebt wieder!", heißt es im Gleichnis. – Gottes Vergebung zu empfangen ist immer ein Neuanfang; oft fühlt man sich „wie neugeboren".

Vielleicht geht es mir auch ein wenig wie dem „älteren Sohn": Er lebt in der Nähe des Vaters – ist diesem aber nicht wirklich nahe. Er tut, was „dran" ist – aber die Zuneigung fehlt. Nicht Vertrauen, sondern Pflicht- und Anspruchsdenken bestimmen sein Handeln.
Ob diesem Sohn bewusst ist, wie sehr er und sein Bruder dem Vater am Herzen liegen? Die Liebe seines Vaters, der zu ihm ja genauso hinausgeht wie vorher zum Bruder, scheint ihn kalt zu lassen. Innerlich verschlossen und „zu", kann er nicht verstehen, dass der Vater für den „Taugenichts" ein Fest veranstaltet und das Mastkalb „opfert"! Sein Herz ist blind für die großherzige Zuneigung des Vaters.

Dieser ältere Sohn ist sicherlich seinem Vater zugetan – doch verhindern Pflicht- und Anspruchsdenken echte Begegnung, wirkliche Verbundenheit und Beziehung.

Der Vater, der beide Söhne liebt, geht auch auf beide zu – ganz individuell und so, wie es der Einzelne braucht. Den, der die Vater-Sohn-Beziehung mit Füßen getreten hat, setzt er vor den Knechten wieder in alle Sohnes-Rechte ein. Und den anderen, der mehr einem trotzigen Kind als einem erwachsenen Mann gleicht, redet er gut zu. „Mein Kind", nennt er ihn und versichert, dass kein Grund zu Angst und Misstrauen vorliegt: „... alles, was mein ist, ist auch dein."

So ist Gott! Voller Barmherzigkeit sucht Er jeden Menschen. „Ohne Wenn und Aber" ist Er zur Vergebung bereit.

Wie geht es mir, wenn ich das Gleichnis lese bzw. das Bild (S. 97) betrachte? Verspüre ich Freude darüber, wie Gott ist, oder fällt es mir eher schwer, an solche Liebe zu glauben? Vielleicht bin ich von Vorsicht oder Kleinglauben geprägt. Aber: In Gott habe ich einen Vater, der mein Glück will, mir Seine Nähe schenkt und sagt: „Du bist immer bei mir, und alles, was mein ist, ist auch dein!"

5. Tag
Lukas 7,36–50

Uneingeladen erscheint diese Frau, störend und aufdringlich – diese stadtbekannte Sünderin! Was bewegt sie wohl zu solch ungewöhnlichem Verhalten?

Und Jesus? Ist Sein Wort: „Deine Sünden sind dir vergeben" nicht tatsächlich etwas leichtfertig und provozierend?
Halte ich Jesu Verhalten eher für unpassend – oder sehne ich mich danach, auch so von Ihm angesprochen zu werden?

„Wer ist das, dass er sogar Sünden vergibt?"

Eine stadtbekannte Sünderin sucht Jesus auf. Sie will nur eines: ihrer Zuneigung zu Ihm Ausdruck verleihen. Es kommt ihr weder darauf an, dass Jesus sie sieht, noch darauf, was die anderen von ihr denken. – Was muss in dieser Frau vorgegangen sein?
Irgendwie wusste sie wohl tief im Innern um Jesu Erbarmen. Denn sie bittet nicht um Vergebung, sie kommt einfach zu Jesus hin: zu Ihm, der um sie, um ihre Haltung, ihre Not und Sehnsucht weiß.

Und Jesus sagt: „Deine Sünden sind dir vergeben." Souverän nimmt Er ein Recht wahr, das nur Gott besitzt: das Recht, Sünden zu vergeben. Er kann es, weil Er als Sohn Gottes göttliche Vollmacht besitzt. In Wort und Tat verkündet Er Gott als Den, der bedingungslos und grenzenlos liebt, der sich gerade Menschen wie diese Frau zuwendet: Für viele eine unerwartete, ja unvorstellbare Sichtweise!

Gott lässt sich auf uns Sünder ein. „Wenn er wirklich ein Prophet wäre, müsste er wissen, was das für eine Frau ist, von der er sich berühren lässt", sagen die Pharisäer. Jesus weiß es durchaus – Er weiß, sie ist eine Sünderin! Aber Er hat weder Berührungsängste, noch stempelt Er sie ab!

Und die Frau? Sie hat wohl tief im Innern ein klares Empfinden für das Sündhafte in ihrem Leben – doch zerbricht sie daran nicht, sondern vertraut auf Jesu Liebe und Erbarmen. Aus diesem Vertrauen erwächst ihre Reue über ihr bisheriges Leben und auch eine so tiefe und große Zuneigung, dass Jesus von ihr sagt: „Ihr sind ihre vielen Sünden vergeben, weil sie (mir) so viel Liebe gezeigt hat." So ungewöhnlich ihr Tun war – es kam so richtig von Herzen.

Stehe auch ich zu meiner Gebrochenheit? Möchte ich mich wie diese Frau mit meiner Not und meinen Hoffnungen an Jesus wenden (können)? Sehne ich mich nach Jesu Zuwendung und Nähe – im Vertrauen und Hoffen, dass Er auch mir vergibt?

6. Tag
Johannes 20,19–23

Mitten in die Furcht der Jünger hinein erscheint Jesus, der Auferstandene. Er spricht ihnen Seinen Frieden zu.

In die bedrängenden Nöte von Schuld, Leid und Tod bringt der Auferstandene Versöhnung und neues Leben.
Auch mir will Er Seinen Frieden zusprechen.
An mir ist es, mich für Sein Angebot zu öffnen.

„... dem sind sie vergeben"

Wie oft hat Jesus Sündern die Vergebung Gottes zugesprochen. Ihm lag und liegt unser aller Heil am Herzen. Deshalb war es Ihm wichtig, dass Sein Werk fortgesetzt wird. So beauftragte Er Menschen, an der Verwirklichung Seines Heilswerkes mitzuwirken. Nach Seiner Auferstehung hat Er den Aposteln das große österliche Geschenk der Sündenvergebung anvertraut. Obwohl sie zuvor versagten, hat Er sie bevollmächtigt, in Seinem Namen die Vergebung der Sünden zu verkünden, anzubieten und zuzusprechen.

Versöhnung mit Gott geschieht immer dann, wenn ein Mensch umkehrt, d. h. sein Tun bereut, Gott die Schuld bekennt und die Vergebung annimmt. Ein besonderer (und der intensivste) Weg zur Versöhnung mit Gott ist die Beichte: das Schuldbekenntnis vor Gott im vermittelnden Beisein eines Priesters. Dies kann in der anonymen Form im Beichtstuhl geschehen wie auch in einem persönlichen Gespräch, sei es in einem Raum („Beichtzimmer") oder bei einem Spaziergang. Eine starr festgelegte Form gibt es nicht; man kann die Form wählen, die am sinnvollsten erscheint.

Möglicherweise hat Dich beim Lesen der Bibelstelle der letzte Satz irritiert. Dort ist ja nicht nur von Vergebung die Rede, sondern es heißt auch: „... wem ihr die Vergebung verweigert, dem ist sie verweigert." Natürlich verweigert Gott niemandem die Vergebung, der – wie beispielsweise der Zöllner (Lukas 18,9–14; s. 3. Tag) – aufrichtig bereut und umkehrt. Gott sieht dessen innere Gesinnung und zögert nicht, den Zöllner mit Seinem ganzen Erbarmen zu beschenken. – Dem Pharisäer hingegen kann so lange nicht vergeben werden, wie dieser selbstsicher und überheblich nur die Fehler der anderen wahrnimmt, die eigenen Schattenseiten aber übersieht. Würde beispielsweise der Pharisäer mit der im Gleichnis beschriebenen inneren Haltung „beichten", so dürfte und könnte ihm die Vergebung nicht zugesprochen werden, weil er sich selbst gar nicht als jemanden sieht und bekennt, der auf Gottes Barmherzigkeit angewiesen ist. Sein Herz ist für Gottes Erbarmen (noch) nicht offen.

Bis zu dieser Offenheit, bis zum ehrlichen Eingeständnis der eigenen Schuld und der Bitte um Gottes Erbarmen, braucht es womöglich einiges an Zeit. Und Gott lässt Zeit. Zwar klopft Er immer wieder an unsere Tür, aber Er zwingt sich nicht auf. Er achtet unsere Freiheit – gerade auch im Umgang mit der Beichte.

Zahlreiche Menschen haben heutzutage keinen Bezug zur Beichte, haben sie womöglich kaum oder nie kennengelernt. Andere, die früher beichteten, haben wenig ermutigende Erfahrungen gemacht.

Wie dem auch sei – Jesus machte ein Angebot, das bis heute steht und gilt: Der Auferstandene bevollmächtigt die Apostel (und ebenso deren Nachfolger), in Gottes Namen die Sünden zu vergeben. Eigentlich übertrifft diese Bevollmächtigung zur Vergebung alle Erwartungen – ähnlich wie die Reaktion des Vaters auf die Heimkehr des „Verlorenen Sohnes", für den er sogar ein Fest veranstaltet.

Ist der Empfang des Bußsakramentes nicht auch solch ein Fest? Haben wir nicht allen Grund zum Feiern, wenn Gott uns persönlich Sein Wohlwollen, Seine Vergebung und Liebe zuspricht?

6. Woche – Neuanfang ist möglich

Solch eine Liebeszusage Gottes ist es auch, wenn der Priester dem Beichtenden in der sogenannten „Lossprechung" betend zuspricht:

„Gott, der barmherzige Vater, hat durch den Tod und die Auferstehung
seines Sohnes die Welt mit sich versöhnt
und den Heiligen Geist gesandt zur Vergebung der Sünden.
Durch den Dienst der Kirche schenke er dir Verzeihung und Frieden.
SO SPRECHE ICH DICH LOS VON DEINEN SÜNDEN
IM NAMEN DES VATERS UND DES SOHNES +
UND DES HEILIGEN GEISTES."

Unter der Überschrift „Wieder anfangen mit der Beichte – aber wie?" findest Du im Anhang dieses Buches (ab Seite 138) zwei Erfahrungsberichte.
In dem einen schildert eine Person, wie sie nach 20 Jahren einen neuen Zugang fand, und in dem anderen berichtet ein Priester von seinen Erfahrungen mit dem Bußsakrament.

7. Tag: Rückblick

Was war Dir in dieser Woche besonders wichtig?

_____

_____

Was kommt Dir in den Sinn, wenn Du an Sünde, Schuld und Vergebung denkst? Du kannst es Gott gegenüber im Gebet ausdrücken – seien es aufkommende Ängste oder Aggressionen, sei es Sehnsucht oder Vertrauen.
Vielleicht betest Du auch nochmals den Wochenpsalm oder formulierst ihn um:

„Herr, in meiner Sehnsucht / Suche / Erfahrung von Schuld,
mit all dem, was mich beschäftigt ..., rufe ich zu Dir.
Herr, höre meine Stimme und wende Dein Ohr mir zu.
Achte auf mein lautes Flehen.
Auf Dich hoffe ich, o Herr, ich warte in Vertrauen auf Dein Wort.
Herr, bei Dir ist Vergebung, bei Dir ist Erlösung in Fülle. Amen."

Beten –
sich immer mehr in Gott verwurzeln

Wochenpsalm

Der Herr ist mein Licht und mein Heil: *
Vor wem sollte ich mich fürchten?
   Der Herr ist die Kraft meines Lebens: *
   Vor wem sollte mir bangen?
Dringen Frevler auf mich ein, *
um mich zu verschlingen,
   meine Bedränger und Feinde, *
   sie müssen straucheln und fallen.
Nur eines erbitte ich vom Herrn, *
danach verlangt mich:
   Im Haus des Herrn zu wohnen *
   alle Tage meines Lebens,
die Freundlichkeit des Herrn zu schauen *
und nachzusinnen in seinem Tempel.
   Denn er birgt mich in seinem Haus, *
   er beschirmt mich im Schutz seines Zeltes.
Ich will Opfer darbringen in seinem Zelt, Opfer mit Jubel; *
dem Herrn will ich singen und spielen.
   Mein Herz denkt an dein Wort: „Sucht mein Angesicht!" *
   Dein Angesicht, Herr, will ich suchen.
Verstoß mich nicht, verlass mich nicht, *
du Gott meines Heiles!
   Wenn mich auch Vater und Mutter verlassen, *
   der Herr nimmt mich auf.
Hoffe auf den Herrn und sei stark! *
Hab festen Mut und hoffe auf den Herrn!
   Ehre sei dem Vater ...

(aus Psalm 27; vgl. GL 719)

Beim 8. Treffen wird üblicherweise neben diesem Wochenpsalm auch ein Dankgebet zum Abschluss des gemeinsam gegangenen Glaubensweges gesprochen. Du findest dieses Gebet auf Seite 141.

1. Tag

Deuteronomium 6,4–9

„Höre Israel!" – Diese Worte lassen aufhorchen, lassen aufmerksam werden. „Höre": öffne Ohren und Herz, denn Gott will sich Dir offenbaren. Und Gott offenbart sich als der Einzige – nur Er ist Gott, Er allein. Das ganze menschliche Leben soll deshalb zunehmend von der Beziehung zu Ihm durchdrungen, erfüllt und bestimmt werden.

Vielleicht ist mir Gott in den vergangenen Wochen nähergekommen, für mich lebendiger geworden – und vielleicht ist meine Sehnsucht nach lebendiger Beziehung zu Ihm gewachsen ...

„Schweige und höre ..."

„Schweige und höre, neige deines Herzens Ohr", heißt es in einem Lied. „Höre Israel!", ruft Gott nicht nur Seinem Volk zu, auch mich spricht Er an: „Höre, lausche meinen Worten, neige Dein Herz mir zu. Ich habe Worte ewigen Lebens!"
Der Bibeltext betont dann: „Jahwe, unser Gott, Jahwe ist einzig." In anderen Übersetzungen heißt es: „Der Herr ist unser Gott, der Herr allein." Und auch: „Er ist einig."

Mit diesem Bekenntnis wird etwas Wichtiges über Gott ausgesagt, etwas, das wirkliches Vertrauen in Gott ermöglichen, unseren Glauben stärken und das Herz beruhigen kann. – Warum?
Die Nachbarvölker Israels, die an eine Vielzahl von Göttern glaubten, mussten immer in Angst und Vorsicht leben: Kommt nicht einer der Götter beim Beten und Verehren „zu kurz"?! Von dieser ängstlichen Sorge aber befreit uns die biblische Offenbarung: Es gibt nur einen Gott! Und dieser Gott ist in sich einig! Es gibt keine Widersprüche oder Rivalitäten in Gott!

So kann ich mich getrost diesem Gott anvertrauen, auf Ihn horchen und mich Ihm mit offenem Herzen zuwenden. – Wenn sich

Gott uns mit ungeteiltem Herzen zuwendet, kann auch ich mich „mit ganzem Herzen" für Ihn öffnen. „Höre, neige Dein Herz mir zu", so klopft Gott an die Türe meines Herzens. Ähnlich lautet auch der Titel des nebenstehenden Bildes: „Ich stehe an Deiner Tür und klopfe an."

Das eigene Herz für Gott öffnen, es Ihm zuneigen, mit Gott in Verbindung sein und bleiben, das ist Beten, das ist „Leben in der Atmosphäre Gottes". – Beten ist nicht nur „Sprechen mit Gott", sondern mehr: Die Verbundenheit mit Ihm pflegen, sich bewusst in die Atmosphäre Gottes stellen, sich in Ihm verwurzeln. Solche Beziehungspflege beginnt mit „Stillwerden, Aufmerksamkeit, Hören, Horchen, Sich-Hinneigen" – einer Haltung, wie sie im Bild auf Seite 41 zum Ausdruck kommt.

Setze Dich entspannt hin und achte auf Deinen Atem. Mache Dir die Gegenwart Gottes bewusst, etwa mit folgenden Worten:

„Gott, Du bist da – Dir will ich mich zuwenden.
Gott, Du bist mir zugewandt – Dir will ich mein Herz öffnen.
Gott, Du spricht mich an – Dich und Dein Wort will ich hören."

Vielleicht hast Du Zeit, nochmals den Wochenpsalm zu beten und Dich von einzelnen Worten oder Bildern ansprechen zu lassen. Versuche, das, was Dich bewegt, vor Gott auszusprechen.

2. Tag

Kolosser 3,15–17

„... ihr seid in Gottes Gnade", wird dem Leser zugesprochen. – Auch ich bin in Gottes Gnade, stehe in Seiner Liebe, lebe unter Seinem Schutz. Gott will mir allezeit Seine Nähe schenken und hat mir Seine Hilfe zugesagt ...

„In euren Herzen herrsche der Friede Christi"

„Meinen Frieden gebe ich euch", verspricht Jesus den Jüngern und damit auch uns (s. Johannes 14,27). Mit Seinem Geist und Leben möchte Er uns erfüllen und sogar die Tiefen des Herzens durchdringen: „In euren Herzen herrsche der Friede Christi, dazu seid ihr berufen ...", heißt es im Kolosserbrief. Vom Geist Gottes erfüllt werden, von Gottes Liebe erfüllt sein, das ist unsere eigentliche Berufung! Unser Leben ist darauf ausgerichtet, „in der Atmosphäre Gottes" – „in Gottes Gnade" – zu stehen, aus Seiner Gemeinschaft heraus zu leben.

Aus Seiner Gemeinschaft heraus leben heißt u. a., sich bewusst machen: „Ich bin von Gott unendlich geliebt!" In der „Atmosphäre Gottes" leben kann konkret heißen, diese Liebe „einzuatmen" (beispielsweise in dem kleinen Atemgebet: *„Gott – Du liebst mich!"*) und sie an Mitmenschen weiterzugeben: durch Güte und Freundlichkeit, durch mein Zuhören oder Mitfreuen.

„In der Atmosphäre Gottes leben" kann auch dadurch konkret werden, dass mir Gott öfter in den Sinn kommt und ich mehr und mehr die Bedeutung ahne, die Er für mich und mein Leben hat.

„Der Herr ist mein Licht und mein Heil ... Der Herr ist die Kraft meines Lebens", heißt es im Wochenpsalm.
Halte einen Moment inne und versuche Dir vorzustellen, was das bedeutet: *„Der Herr ist mein Licht ..."* Er – Gott, der Herr – ist mein Licht ... „Du, mein Licht, willst mich durchstrahlen ..." Er – mein Licht – nimmt Wohnung in meinem Innern ... *„Durch Dich wird es in meinem Innern hell. Durch Dich kann auch ich leuchten."*
Verweile noch etwas bei dem, was durch diese Worte in Dir angesprochen wird.

Ganz konkret rät und ermutigt der Kolosserbrief: „Singt Gott in eurem Herzen Psalmen, Hymnen und Lieder." Diesen Rat aufgreifend, können wir innerlich vertraute Psalmworte sprechen, vielleicht auch eine Liedzeile zum Klingen bringen. Oder es steigen im Herzen plötzlich kurze Gebetsworte oder -sätze auf (wie „Du bist da").

Vor Gott, genauer: zu Gott, darf ich so beten, wie es gerade in mir ist: mit festen Gebeten (z. B. Psalmen, Vaterunser) oder mit den eigenen, vielleicht auch gestammelten Worten. Wir können so sprechen, wie uns zumute ist – es kommt nicht auf wohlüberlegte und geschliffene Formulierungen an, sondern auf Offenheit und Ehrlichkeit. Bei all dem dürfen wir die Zuversicht haben, dass uns der Heilige Geist immer wieder Impulse für unser Beten gibt.[1]

Je mehr ich mich für Gottes Geist öffne, umso tiefer kann Er mich erfüllen. Dann wird auch „geistliche Freude" in meinem Herzen aufsteigen. Über Gott und Seine Liebe staunend, beginnt es in mir zu beten: *„Ja Herr, schön – danke – es ist gut!"* Ich fange an zu ahnen, was es heißt, Gott zu loben, Ihn von Herzen zu bejahen:

„Gott, ich staune und freue mich!" – *„Wunderbar bist Du, o Herr."*

Vielleicht hast Du schon erlebt, dass Du mitten im Alltag an Gott dachtest – und in Dir Freude aufstieg: *„Wunderbar bist Du."*

Wiederhole solche kurzen Gebete immer wieder. Sie festigen die Verbundenheit mit Gott.
Vielleicht sprichst Du solch ein Gebet nicht nur im Herzen, sondern formst es unhörbar mit den Lippen – oder betest auch laut:

„Danke, Gott – wunderbar bist Du."
„Gott, Du bist gut."
„Gott, Du bist ..." – *„Du ..."*

Je mehr Gottes Gegenwart in uns Raum einnimmt, uns erfüllt – desto mehr wird Sein Friede tatsächlich in uns herrschen.

3. Tag
Lukas 11,9–13

„Bittet, dann wird euch gegeben." – Zweifellos ein großes Wort. Doch, stimmt diese Verheißung? Ist sie mehr als nur ein schönes Wort? Werden wirklich all unsere Bitten erhört?
Wie sind Deine eigenen Erfahrungen mit dem Bittgebet?

---

[1] Auf der Homepage www.weg-vallendar.de befindet sich die Druckvorlage für ein Faltblatt mit Gebeten, das dem Teilnehmerheft gut zur Ergänzung beigefügt werden kann. Zu finden ist dies unter „Der Kurs-Weitere Unterlagen".

Bitten, auch wenn Gott nicht all unsere Erwartungen erfüllt?

Jesus selbst ermutigt zum Bitten und lehrt sogar ein Gebet, das vornehmlich aus Bitten besteht: „Dein Name werde geheiligt. Dein Reich komme ... Gib uns ... Erlass uns ..." Sind aber mit dem Bittgebet nicht auch Fragen verbunden wie: Darf ich Gott wirklich um alles bitten? Wird Er mich hören? Wird Er meine Bitten erfüllen?

Manche Menschen haben Scheu, Gott ganz ungeniert mit ihren Anliegen „zu behelligen". – „Gibt's für Gott nicht Wichtigeres als unseren ‚Kleinkram'?! Kümmert Er sich wirklich ganz konkret um mein Leben?", fragt sich manch einer.

Und irritierend ist die Erfahrung, dass Bitten nicht erfüllt wurden: Da ist der Mensch, für den wir so inständig gebetet hatten, dennoch gestorben. Da blieb ich nicht von der schweren Krankheit verschont. Und trotz aller Bittgebete hat jemand doch nicht die neue Arbeitsstelle gefunden. Und, und, und ...! Das kann entmutigen, kann fragen lassen: Ist es überhaupt richtig, Gott so konkret zu bitten?! – Werden wir da nicht zwangsläufig enttäuscht ...?

Doch Jesus fordert uns auf, zu bitten – ja, Er verheißt sogar: „Wer bittet, der empfängt." Gott ist also auf jeden Fall offen für unser Bitten – auch für unsere Nöte des Alltags! Ich kann und darf sie im Gebet wirklich vor Ihn bringen. Ich kann darauf vertrauen, dass Er mich *in rechter Weise* erhören und beschenken wird.

Das Vaterunser hilft zu verstehen, was dieses „in rechter Weise" bedeutet: Dieses Gebet beginnt nämlich mit der Sehnsucht und dem Wunsch, dass Gott in unserer Welt und in meinem Leben mehr Raum einnehmen möge, dass Er den Ihm gemäßen Platz erhalte – dass ich Gott den Ihm entsprechenden Platz gebe.

Die wichtigste aller Bitten, *das* grundlegende Bittgebet, ist deshalb die Bitte um Begegnung und Gemeinschaft mit Ihm: *„Dein Angesicht, Herr, will ich suchen."* Wenn wir Ihn um Seine Nähe bitten, werden wir diese auch empfangen.

Und doch erleben wir, dass Bitten unerfüllt bleiben. Dies ist schmerzlich, kann verunsichern oder entmutigen, und dann fällt es schwer, weiter zu vertrauen. Doch Jesu Wort: „Bittet, und ihr werdet empfangen ..." verspricht, dass Bitten nie vergeblich ist: Gott nimmt mich ernst – Er sieht und hört mich in meiner Not. Auch wenn Er die Bitten nicht so erfüllt, wie wir dies wünschen – Er erhört uns dennoch, schenkt sogar Größeres, schenkt Seine Nähe.

Diese Worte sind keine „billige" Vertröstung, denn: Durch mein Beten und den Blick auf Gott beginne ich, mich mehr für Ihn zu öffnen und mein Leben stärker aus der Beziehung zu Ihm heraus zu betrachten. Je mehr ich auf Ihn schaue, desto weniger kreise ich um mich. Beten verändert, es wächst das Verbundensein mit Gott. Genau davon spricht die eigenartige Wendung am Schluss des heutigen Bibeltextes. Jesus will sagen, dass der Vater zwar nicht – wie sich vom Gedankengang her erwarten ließe – alle unsere Wünsche erfüllt, uns aber dennoch nicht „im Regen stehen lässt". Er gibt sogar mehr, als wir erbitten: Wenn wir im Gebet unsere Bedürftigkeit äußern, stillt Er unser tiefstes Verlangen und schenkt uns das, was wir am meisten brauchen: Seine Gemeinschaft, Seine Zuwendung, sich selbst. Gott schenkt uns Anteil an Seinem göttlichen Leben.

So kann ein Mensch selbst dann, wenn sein Gebet nicht seiner Hoffnung entsprechend erfüllt wurde, im Herzen etwas von Gottes Gegenwart und Sorge erahnen – und Ihn bejahen, Ihn „dennoch" loben. So zu beten fällt nicht leicht. Im Wochenpsalm wird dieses „Trotz allem JA zu Gott sagen" ein „Lob-Opfer" genannt.

Wenn Du entsprechend Zeit hast, bete nochmals den Wochenpsalm. Die folgenden Gebetsimpulse wollen anregen, dabei einzelne Verse so umzuformen, dass ein persönliches Gebet entsteht:

> *„Der Herr ist mein Licht und mein Heil."*
> *„Ja, Du, Herr, bist mein Licht, bist ..."*
> *„Du, Herr, bringst mir Heil ... Du ..."*
> *„Nur eines erbitte ich vom Herrn, danach verlangt mich:*
> *Im Haus des Herrn zu wohnen alle Tage meines Lebens."*
> *„Ja, in Deinem Hause ... Bei Dir ..."*

4. Tag

Psalm 22, Verse 2–20

Der Beter dieser Verse schreit zu Gott. Er stöhnt und klagt. – Normalerweise ist es uns eher fremd, so zu beten. Vielleicht fragst Du Dich auch, ob man überhaupt so beten soll und darf ...

Gab oder gibt es Situationen/Erfahrungen in Deinem Leben, wo Du ähnlich empfunden hast wie der Beter dieses Psalms?

Mein Gott – warum?

Ein Mensch fühlt sich von Gott verlassen und fragt: „Warum!?" Doch wendet er sich nicht von Gott ab, sondern ringt mit Ihm: „Mein Gott, warum bist Du fern ...?!" Ist das nicht eigenartig? Ein Mensch fühlt sich von Gott verlassen und ruft dennoch nach Ihm. (An)Klagend fragt er Ihn: „Warum hast Du mich verlassen?" und schüttet dennoch vor Gott das Herz aus!
Welche Erfahrungen hat dieser Mensch wohl auf seinem Glaubensweg gemacht, dass er so an Gott festhält! Wie intensiv muss die Beziehung zu Gott (gewesen) sein, dass er ganz unverblümt vor Gott klagt und Ihn hinterfragt.

Diese Psalmverse lassen uns etwas vom Ringen eines Menschen erahnen, der zwischen verzweifelter Klage und aufkommender Hoffnung bzw. bleibendem Vertrauen hin- und hergerissen ist. Immer wieder wechselt der Blick: Mal steht ihm die eigene schlimme Lage vor Augen, dann schaut er wieder auf Gott. Und so kommt es, dass scheinbar Widersprüchliches nebeneinander steht: „Mein Gott, ich rufe ..., doch du gibst keine Antwort ... – Aber du bist heilig." Und: „Mein Gott, warum hast du mich verlassen ... – vom Mutterleib an bist du mein Gott."

Jesus selbst hat wohl in Seiner Todesstunde dieses Gebet gesprochen. Matthäus (27,46) wie Markus (15,34) berichten, dass Er kurz vor Seinem Tod schreit: „Mein Gott, mein Gott, warum hast du mich verlassen." Jesus kennt die Erfahrung des Ausgeliefertseins, Er hat sie (auch für mich) durchlitten. Er kennt die entsetzliche Situation scheinbarer Gottesferne. Aber: Den Psalm betend, weiß Er sich zugleich beim Vater geborgen! Der Evangelist Lukas hat diese Seite des Ringens besonders betont und uns als letztes Wort Jesu überliefert: „Vater, in deine Hände lege ich meinen Geist." (Lukas 23,46)

In schweren Situationen kann und darf auch ich mich dem Gebet Jesu anschließen und mit Ihm rufen: *„Mein Gott, wo bist Du!?"*, kann fragen: *„Warum?"* Ich muss meine Empfindungen und Worte nicht zähmen – nein, ich darf mein Herz unzensiert vor Ihm ausschütten. Gott weiß, wie es in mir aussieht. Er hat Sein Ohr an meinem Herzen.

Selbst wenn sich die äußere Situation nicht ändert: Gott steht mir bei! Seine Nähe wird mein Inneres verändern. Er wird mich stärken und befähigen, meine Situation zu (er)tragen. Ich kann gewiss sein: Gott wird mir Seine Gegenwart schenken und mich mit Seiner Kraft erfüllen, wenn ich zu Ihm rufe: *„Du aber Herr, halte Dich nicht fern! Du, meine Stärke, eile mir zu Hilfe!"*

Gottes Nähe verwandelt: Mehr und mehr kann ich mich selbst innerlich von meinem verkrampften Herzen lösen und allmählich, ganz allmählich, beginnen, auf Ihn zu schauen:

„Im Anschauen Seines Bildes, da werden wir verwandelt."

Lies/Bete nochmals die angegebenen Verse aus Psalm 22. Welches Wort, welcher Vers spricht Dich heute besonders an? Vielleicht ist es ein Wort der Klage oder auch ein Wort des Vertrauens. Wiederhole dieses Wort mehrmals, versuche, es auch laut auszusprechen. Beende Dein Gebet mit dem „Ehre sei dem Vater ..." oder in einer anderen Dir liebgewordenen Form.

5. Tag

Matthäus 6,7–13

Jesus lehrt die Jünger das Vaterunser, das Gebet, das in fast allen Gottesdiensten gemeinsam gebetet wird.

Was bedeutet Dir dieses Gebet? Welche Anrufung, welche Bitte hat Dich früher schon beschäftigt – was spricht Dich heute an?

Beten in Gemeinschaft

Die Jünger konnten erleben und beobachten, dass und wie sich Jesus zum Gebet „zurückzieht". Seine Art des Betens weckt in ihnen eine tiefe Sehnsucht – und so bittet einer von ihnen: *„Herr, lehre uns beten."* (Lukas 11,1) In Seiner Antwort macht Jesus deutlich, dass Beten immer etwas mit Gemeinschaft zu tun hat. Selbst dann, wenn ich ganz allein bin und vielleicht in privaten Anliegen bete, auch dann ist mein Beten eingebettet in das Beten aller, die sich an Gott, *unseren* Vater wenden. Beten ist niemals nur „Privatgeschäft" zwischen Gott und mir! Beten geschieht in der Verbundenheit mit allen Menschen. Wir alle sind Kinder des einen Vaters.

„Beten in Gemeinschaft" geschieht nicht nur im Gottesdienst, sondern immer dann, wenn Menschen miteinander beten; sei es mit festen Gebeten (Vaterunser, Psalmen ...) oder auch mit eigenen, freien Worten.

Miteinander zu beten ist nicht immer leicht – schon ein gemeinsames Tischgebet kann schwerfallen. Frei und in persönlichen Worten voreinander zu beten ist noch ungewohnter, kostet anfangs meist Überwindung. Die Scheu, Persönlicheres kundzutun, hemmt. Aber vielleicht hast Du auch schon erfahren, wie stärkend es sein kann, miteinander und füreinander zu beten. Es kann das eigene Beten erleichtern – und oft führt es zu tieferer Gemeinschaft untereinander: Gemeinsames Beten kann zu noch tieferer Vertrautheit und Gottesnähe führen als ein Glaubensgespräch. Ja, diese neue Dimension des Miteinanders löst manchmal sogar zwischenmenschliche Spannungen, denen man anders kaum hätte beikommen können.

Wenn hier vom „freien Beten" die Rede ist, heißt das freilich nicht, dass im gemeinsamen freien Gebet alles ausgesprochen werden soll, was gerade auf dem Herzen liegt oder in den Sinn kommt. Behutsamkeit sowie Ehrfurcht vor dem inneren Schatz und der Privatsphäre eines jeden werden die rechten Worte finden lassen.

Jesus selbst zwang sich mit Seiner vertrauten, intimen Beziehung zum Vater den Aposteln nicht auf – als sie Ihn jedoch fragten, ließ Er sie an diesem Seinen größten Schatz und Geheimnis teilhaben – nahm sie in Seine Beziehung zum Vater mit hinein. Das geschah nicht nur einmal, sondern immer wieder. So ließ Er die Seinen an

Seinem Danken wie an Seinen Stoßseufzern teilhaben. Und in dem Maße wie dies für uns persönlich und für das Miteinander „stimmig" ist, können wir Ähnliches tun.

Solch gemeinsames Beten entwickelt sich im Laufe der Zeit: Nach und nach wird man vermehrt aufeinander reagieren und sich beispielsweise das Anliegen eines anderen zu eigen machen oder einen Gedanken, von dem sich eine andere Person betroffen fühlt, in Lob, Dank oder einem passenden Lied aufnehmen. So wächst die Gebetsgemeinschaft.

Doch was ist, wenn ich gern mit anderen im Gebet verbunden wäre, aber alleine bin? – Bei allem damit verbundenem Schmerz kann es vielleicht tröstlich und hilfreich sein, daran zu denken, dass Beten nie nur etwas Individuelles ist. Glaubend sind wir immer schon mit anderen in Beziehung, denn Gott ist unser gemeinsamer Vater. Wer betet, ist nicht allein, sondern ist mit allen verbunden, die mit Jesus den Weg des Glaubens gehen. Und wer dies zu wenig erfährt, sollte Gott um Weg-Gefährten bitten ...

Bete nun (langsam) das Vaterunser. Vielleicht nimmst Du Dir dazu eine schriftliche Vorlage oder schreibst das Gebet auf ein eigenes Blatt. Solch eine Vorlage (z. B. GL 2,4 bzw. in der Schweiz KG 696,3) kann helfen, beim Beten besser innezuhalten.

Versuche, jeweils nach einem Vers in kurzen Sätzen und einfachen Worten frei weiterzubeten. Vielleicht sprichst Du auch den einen oder anderen Vers laut aus. – Auch wenn Du jetzt alleine betest: Mache Dir bewusst, dass Du nicht alleine bist und nur für Dich betest, sondern auch für andere und in Gemeinschaft mit anderen, die ebenso wie Du beten: *„Unser Vater, gib uns ..., erlöse uns ..."*

6. Tag

Gibt es einen Psalmvers, eine Liedzeile oder ein kurzes Gebet, das Dir im Alltag immer wieder in den Sinn kommt, Dich begleitet? Vielleicht ist Dir auch ein Bibelwort wichtig geworden ...

Lass dieses Wort oder Gebet in Dir aufsteigen und wiederhole es mehrmals. Nimm Dir dafür Zeit, bevor Du Dich dem Psalm 84, der heute unser Bibeltext ist, zuwendest.

Psalm 84

Wenn Du jetzt den Psalm 84 liest und betest, kannst Du einzelne Verse so umformen, dass Du Gott direkt ansprichst, kannst auch verschiedene Verse mit eigenen Worten verändern bzw. ergänzen. Die folgenden kleinen Gebete wollen anregen, in diese mehr persönliche Form des Betens hineinzufinden:

„Mein Herz und mein Leib jauchzen Dir zu."
„Du lebendiger Gott!"
„Meine Seele sehnt sich nach Dir."
„Herr, lass mich Kraft finden in Dir."

Welches Wort oder Psalmvers ist Dir heute besonders wichtig?

Mein Herz und mein Leib jauchzen Gott zu

Ich – ein Mensch mit Leib und Seele, mit Willen und Verstand, Gefühl und Gemüt – ein Mensch mit Händen und Füßen, mit Augen und Ohren. Wir Menschen sind keine reinen Geistwesen. Wir haben einen Leib und glauben auch an die Auferstehung des Leibes. Leib und Seele sind so miteinander verbunden, dass wir mit dem Leib das kundtun, was sich in unserer Seele abspielt:

Wer kennt nicht die hängenden Schultern, den traurigen Blick eines Mutlosen? Wer sieht einem Menschen mit hastigen, ungeordneten Bewegungen nicht seine innere Unruhe an? Und wie sehr spiegeln sich Freude und Zufriedenheit im Gesicht und in den Augen eines Menschen wider!

Wir sind Menschen mit Verstand, Gemüt und Herz, mit Seele und Leib. Deshalb ist auch der Leib immer in unser Beten mit einbezogen: So ist das Anzünden einer Kerze zu Beginn einer Gebetszeit eigentlich ein „Beten mit Händen". Recht verstanden, sagt diese Geste: *„Komm, Herr, sei Du jetzt bei uns/mir."* Der Blick auf die brennende Kerze, auf das Zeichen für Gottes Gegenwart, dieser Blick heißt in Worten formuliert vielleicht: *„Gott, ich freue mich, dass Du da bist."* Oder: *„Herr, Du bist da, ich bete Dich an."*

Sich auf Beten einzulassen gelingt nicht immer gleich gut. Wie oft geht uns alles Mögliche durch Kopf und Gemüt – und das Herz scheint weit weg von Gott zu sein. Sich zu zwingen hilft dann wenig. – Versuche in solchen Situationen einfach, Gott zu sagen, was in Dir los ist: *„Gott, mir geht so viel durch den Kopf, insbesondere beschäftigt mich ... Aber ich möchte mich auf Dich hin sammeln. Hilf Du mir. Mach mein Herz frei und offen für Dich."*

Vielleicht kann auch eine körperliche Geste hilfreich sein und zu tieferer Sammlung führen. So kannst Du beispielsweise zu Beginn Deiner Besinnungszeit ein Kreuzzeichen machen – bewusst mit großen Bewegungen. Wage es einmal, dabei laut zu sprechen: *„Im Namen des Vaters und des Sohnes und des Heiligen Geistes. Amen."* Möglicherweise erschrickst Du schon bei dem Gedanken, dies zu tun, und noch mehr, wenn Du es dennoch wagst und dann plötzlich Deine Stimme hörst. Vielleicht aber kannst Du Dich auf diese Geste der Hinwendung zu Gott einlassen und erfährst, wie viel Stärkung davon ausgehen kann.

Versuche es erneut – und vielleicht stehst Du dazu auf.

„Im Namen des Vaters und des Sohnes und des Heiligen Geistes ..."

Du kannst und darfst „dazu stehen", Gott Deinen Vater zu nennen. Vor Gott darf sich jeder in seiner vollen (Körper-)Größe aufrichten – in Seinem Herzen bin ich groß!

Stehen, das ist auch die Haltung des Dankens und Lobens: Im gemeinsamen Beten der Gemeinde gibt es ja verschiedene Körperhaltungen: Knien, Stehen, Sitzen, Verneigung ... Bei bestimmten Gebeten – wie dem großen Lobgebet („Gloria") – oder beim Hören des Evangeliums stehen wir ganz bewusst. So geben wir unserer Achtung und Ehrfurcht, aber auch unserer Freude leibhaftigen Ausdruck: *„Gott, Du bist Sonne und Schild, Du schenkst Gnade und Herrlichkeit. Dich lobe ich!"* Gott zu loben, von Herzen zu Ihm JA zu sagen, ist unsere Berufung. „Gott loben, das ist unser Amt", heißt es in einem bekannten Lied (GL 474 / KG 40).

„Erhebet die Herzen!", wird die Gemeinde in der Eucharistiefeier aufgefordert. Zu antworten: „Wir haben sie beim Herrn", und dabei lässig in der Bank zu sitzen oder zu stehen – das passt eher nicht zusammen. Unser Leib lügt nicht, er spiegelt die Seele!

Diese Frau auf dem Bild hat offenbar Sinn und Gemüt zu Gott erhoben und drückt dies auch mit ihrem Körper aus. Ausdrucksstark und ausgesprochen leib-freundlich dargestellt, lädt sie zum Mittun ein: Sich mit Seele und Leib Gott zuwenden, sich am Leben freuen, sich an Gott und über Ihn freuen – das ist (auch) Beten.
Ja, der Leib betet mit. Wie ernst nehme ich die einzelnen Gesten, beispielsweise die Kniebeuge – ist sie ein „Knicks" oder ein von Innen kommendes Zeichen der Verehrung? Was drücken meine Hände beim Beten aus – sind sie Zeichen meiner Sammlung? Kann ich sie auch zu Gott erheben?
Vielerorts ist es seit einigen Jahrzehnten wieder üblich, zum Empfang der Kommunion die Hände zu öffnen, sie zu einer Schale zu formen, um den Leib Christi zu empfangen. Ich öffne die Hände –

leere Hände, die nicht klammern oder festhalten – ich öffne sie, um zu empfangen, nicht, um mir zu nehmen. Gott will mich beschenken. Meine geöffnete Hände beten: *„Ja, Herr, komm."*
Wenn ich diese Geste des Handöffnens oder die Geste der Kniebeuge über längere Zeit hin bewusst vollziehe, wird sich in meinem Innern etwas ändern – meine Haltung wird anders.
Gesten und Körperhaltungen sind keine „Gebetstechniken", sondern Hilfen zum Beten; Hilfen, um zu einer Haltung zu finden, die von der Sehnsucht nach Gott bestimmt ist. Diese Gesten wollen von innen her gefüllt sein, vom Blick auf Gott. Dann kann ich ehrlich beten: *„Mein Herz und mein Leib jauchzen Dir zu, mein Gott."*

7. Tag: Rückblick

Nicht nur die Texte dieser Woche, sondern der gesamte Kurs versteht sich als Hilfe zum persönlicheren Beten.
Wie ist es Dir in den vergangenen Wochen mit dem Beten ergangen? Hast Du zwischendurch Sehnsucht verspürt, mehr, intensiver und inniger zu beten?

„Mein Herz denkt an dein Wort: ‚Sucht mein Angesicht!' – Dein Angesicht will ich suchen", heißt es im Wochenpsalm. Nimm diesen Psalm nochmals zur Hand und suche Dir einen Vers, der Dich jetzt besonders anspricht. Versuche, ihn mit eigenen Worten – als Dein persönliches Gebet – „weiterzubeten".
Vielleicht helfen Dir die nachfolgenden Worte, Deine Sehnsucht nach Gemeinschaft mit Gott ausdrücken:

> *„Jesus, Du Sohn des Vaters, wachse in mir,*
> *in meinem Geist, in meinem Herzen,*
> *in meiner Vorstellung, in meinen Sinnen.*
> *Wachse Jesus, wachse in mir.*
>
> *Jesus, Du Sohn des Vaters, wachse in mir,*
> *in Deinem Vertrauen zum Vater,*
> *in Deinem Hinhören und Gehorchen.*
> *Wachse Jesus, wachse in mir.*
>
> *Jesus, Du Sohn des Vaters, wachse in mir,*
> *in Deiner Milde und Sanftmut, in …*
> *Wachse Jesus, wachse in mir."*

Damit das Feuer weiter brennt – den begonnenen Weg fortsetzen

Wochenpsalm

Gott, du mein Gott, dich suche ich, *
meine Seele dürstet nach dir.
    Nach dir schmachtet mein Leib *
    wie dürres, lechzendes Land ohne Wasser.
Darum halte ich Ausschau nach dir im Heiligtum, *
um deine Macht und Herrlichkeit zu sehen.
    Denn deine Huld ist besser als das Leben; *
    darum preisen dich meine Lippen.
Ich will dich rühmen mein Leben lang, *
in deinem Namen die Hände erheben.
    Wie an Fett und Mark wird satt meine Seele, *
    mit jubelnden Lippen soll mein Mund dich preisen.
Ich denke an dich auf nächtlichem Lager *
und sinne über dich nach, wenn ich wache.
    Ja, du wurdest meine Hilfe; *
    jubeln kann ich im Schatten deiner Flügel.
Meine Seele hängt an dir, *
deine rechte Hand hält mich fest.
    Ehre sei dem Vater ...

(Psalm 63; vgl. GL 676)

1. Tag

„Gott, du mein Gott, dich suche ich", beginnt der Psalm 63. Findest Du Dich in diesen Worten wieder?
Du kannst diesen Psalmvers zu einem Atemgebet werden lassen, indem Du beim Einatmen betest: *„Gott, Du mein Gott"*, und beim Ausatmen: *„Dich suche ich"*.

Deuteronomium 4,9

Die heutige Bibelstelle umfasst „nur" einen einzigen Vers und ist der Abschiedsrede des Mose entnommen. Am Ende der Wüstenwanderung schaut Mose auf die gemeinsamen Erfahrungen zurück. Zugleich richtet er den Blick nach vorn und spricht das aus, was ihm besonders am Herzen liegt.
Am Ende des Glaubenskurses stehen auch wir an einer Wegetappe, die zu Rückblick und Ausblick einlädt:

Welche Worte, Ereignisse, Erfahrungen waren Dir wichtig?
Was freut Dich, wofür bist Du dankbar?

„Vergiss nicht ..."

„Nimm dich in Acht", ermahnt der heutige Text. Fast beschwörend wiederholt Mose auch in späteren Versen: „Nehmt euch um eures Lebens willen gut in Acht!" (V. 15) und: „Nehmt euch in Acht! Vergesst nicht den Bund, den der Herr, euer Gott, mit euch geschlossen hat." (V. 23)

Das Buch Deuteronomium, dem der heutiger Bibelvers entnommen ist, entstand erst lange Zeit nach dem Tod des Mose. – Jahrhundertealte Erfahrungen sind hier zusammengefasst, Erfahrungen, die u. a. zeigen, dass das Volk Israel Gott immer wieder aus dem Blick verloren hat. Von daher wird wohl verständlich, dass in der mündlichen Tradition und auch später, als das Buch Deuteronomium entstand, diese mahnenden (Abschieds-)Worte ein solches Gewicht bekommen und als Ausdruck großer Für-Sorge gleich mehrmals wiederholt werden.

In Seiner fürsorgenden Liebe und im Blick auf unseren künftigen Weg ruft Gott durch das Wort der Heiligen Schrift auch jedem von uns zu: „Pass auf Dich auf – achte gut auf Dich!"

Was kann das konkret heißen? Der Bibeltext mahnt: „Vergiss nicht die Ereignisse ... und Worte, die du gehört hast." Das bedeutet: „Vergiss nicht Deine Erfahrungen mit Gott! Halte in Dir lebendig, was geschehen ist." Vor allem: „Vergiss Gott nicht!"

„Damit das Feuer weiter brennt ...", ist die Perspektive dieser letzten Woche – und darüber hinaus! „Damit das Feuer weiter brennt, das Feuer der Sehnsucht und Begeisterung, das Feuer lebendiger Gottesbeziehung ..." Genau darum geht es: Mit Gott in Kontakt bleiben, Ihm wirklich Raum geben – ganz konkret auf Ihn setzen, Seiner Liebe trauen und Sein Leben, Seinen Lebensstil wählen.

Im Leben auf Gott setzen, Seiner Liebe trauen und Sein Leben wählen, das ist nicht (nur) ein einmaliger Akt. Es ist eine Grundentscheidung, die immer wieder eingeholt und im Konkreten aktualisiert werden will und muss. Es ist ein Entschluss, der zu einer Grundhaltung führen will. So wird aus der Entscheidung für den Weg Gottes schrittweise eine Einstellung erwachsen, die zunehmend den Alltag durchstimmt.

Soll „das Feuer weiter brennen", dann hängt viel davon ab, dass Alltag, Beruf, Freizeit und Glaube nicht unverbunden nebeneinanderstehen, sondern mehr und mehr einander durchdringen.
Ein Schritt in diese Richtung ist es, im Alltag immer wieder die Spuren der Gegenwart Gottes zu sehen, sich an gute Erfahrungen zu erinnern und für Seine Liebe und Für-Sorge zu danken.

Was aber, wenn der Alltag eher grau und beschwerlich ist, wenn die Sorgen mich zu überrollen drohen? Die Ermutigung, die Mose dem Volk Israel zuspricht, gilt auch mir: „Fürchte dich nicht, und hab keine Angst! ... Der Herr, euer Gott, der euch vorangeht, wird für euch kämpfen ... Das Gleiche tat er in der Wüste, du hast es selbst erlebt. Da hat der Herr, dein Gott, dich auf dem ganzen Weg, den ihr gewandert seid, getragen, wie ein Vater seinen Sohn trägt." (1,21; 1,30f.) Ja, „Vergiss nicht!" und „Fürchte dich nicht!".

"Gott, Du mein Gott, Dich suche ich.
Nach Dir, o Gott, halte ich Ausschau.
Dich will ich rühmen mein Leben lang.
Denn Du wurdest meine Hilfe."

2. Tag

Markus 4,1–9

Jesus lehrte oft in Gleichnissen, deren Bilder dem Alltag Seiner Zuhörer entstammten. So auch hier, beim Gleichnis vom Sämann: Gottes Wort, Sein Anruf, ist demnach wie der Same, in dem alles zwar angelegt, aber noch nicht entwickelt ist.

Gott liefert die Früchte nicht fix und fertig, sondern schafft Voraussetzungen, gibt Impulse – und wirbt um unseren eigenen Einsatz. Seine ermutigende und herausfordernde Botschaft ist uns Menschen als empfindliches, zerbrechliches und doch sehr fruchtbares Samenkorn anvertraut.

Will ich mich auf das Keimen und Wachsen Seines Samens einlassen? Will ich mitwirken beim Hegen und Pflegen dieser Saat?

„Wer Ohren hat zum Hören, der höre"

Jesus heißt uns, aufzuhorchen und hinzuhorchen: „Wer Ohren hat zum Hören, der höre!" Wenn Jesus so spricht, muss das, was Er den Jüngern in diesem Gleichnis sagen will, sehr wichtig sein.

Jesus lehrt vom Boot aus; dicht gedrängt stehen die Menschen am Ufer. Jesus sitzt, die Zuhörer stehen – sie sind in der Haltung der Aufmerksamkeit; nicht lässig, abwartend, sondern in einer positiven Grundspannung. Sie stehen und horchen auf Jesu Wort.

Viele Menschen sind da. Menschen ganz unterschiedlicher Art, wie das Erdreich in Jesu Gleichnis. – Und ich? Zu welcher Art von Zuhörern gehöre ich? Wo finde ich mich angesprochen?

Vielleicht spüre ich manchmal, dass mein Herz ziemlich abgeschottet ist, dass nur sehr schwer etwas wirklich mein Inneres berühren kann – dass etwas von dem felsigen Boden auch in mir ist ...

Oder ich bin schnell zu begeistern, bin gleich „Feuer und Flamme", aber es fehlt an Geduld und Beständigkeit – ich bin wie das leichte Erdreich auf dem Felsengrund, bei dem nichts in die Tiefe gehen kann. Wenn die ersten Schwierigkeiten kommen, lasse ich schnell ab von meinen Vorsätzen.

Vielleicht bin ich voller Unrast, habe dauernd zu tun, kann kaum abschalten, kaum zur Ruhe kommen. Ich gleiche dem Weg, auf den die Körner zwar fallen, aber keine Wurzeln schlagen können.

Bin ich vielleicht für jede Anregung oder Neuigkeit offen und empfänglich, bin schnell ansprechbar und will nichts verpassen? Alles Mögliche beschäftigt mich und füllt mein Herz aus. Da wuchern dann leicht „Disteln und Dornen": Überflüssiges, das viel Kraft und Zeit kostet, meist aber keine Frucht trägt.

Möglicherweise spüre ich in mir aber auch eine Sehnsucht nach mehr – danach, im Leben „Frucht zu bringen".

Wie aber kann ich mein Erdreich – mein Herz – für Gott so bereiten, dass Sein Same aufgehen und vielfältig Frucht bringen kann?

Ein erster Schritt ist sicher die tägliche „Beziehungspflege": Vielleicht hast Du in den vergangenen Wochen erfahren, dass durch die regelmäßige Besinnungszeit Deine Verbundenheit mit Gott stärker und lebendiger wurde. Schau, dass Du „in Kontakt bleibst" und das innere Feuer nicht erlischt. Auf gutem Boden – in einem (hör-)bereiten Herzen – kann und wird Gottes Saat aufgehen.

Umgang färbt ab, lehrt die Erfahrung. Wenn ich innerlich auf Gott bezogen bin, Seine Gemeinschaft suche, wird dies auch meinen Alltag verändern: meinen Umgang mit den Mitmenschen, mit Konflikten, Ängsten und Sorgen – meinen Lebensstil, meine Einstellung zu den verschiedenen kirchlichen und gesellschaftlichen Fragen und Herausforderungen ... Gott möchte, dass Sein Wort nicht nur in jedem von uns persönlich, sondern auch in den verschiedenen Bereichen unseres Lebens lebendig wird und Frucht bringt, „dreißigfach, ja sechzigfach und hundertfach". Dafür aber braucht es Zeit: in der Natur ebenso wie im menschlichen Herzen.

„Hört ...!", ruft uns Jesus einladend zu. Auch mich bittet Er: „Höre, ...! Öffne Dein Herz für mein Wort, lass es in Dich ein, lass es in Dir wachsen! Lass mich selbst in Dir wachsen." Ja, Gott will in mir leben und wachsen! Und ich kann Ihm Antwort geben, indem ich Ihn bitte, indem ich Ihm erlaube, in mir mehr und mehr Raum einzunehmen und mein Herz zu durchformen:

„Wachse, Jesus, wachse in mir ..."

3. Tag

Matthäus 6,25–34

„Sorgt euch nicht um euer Leben", ruft uns Jesus zu.
Manchmal können uns Sorgen und Befürchtungen regelrecht gefangen nehmen! Jesus will uns ermutigen, mit Zuversicht und Vertrauen auf das Leben und seine jeweiligen Herausforderungen zuzugehen. Wir sollen die Hände nicht in den Schoß legen, dürfen aber bei allem, was wir tun, die Zuversicht haben, dass Gott da ist, dass der Vater im Himmel weiß, was uns Not tut.

Wo brauche ich Jesu Ermutigung und Mahnung: „Lass Dich doch nicht von Deinen Sorgen gefangen nehmen!"?

Auch im Alltag Vertrauen bewahren

„... dann wird euch alles andere dazugegeben." In diesen Worten, die zugleich Ermahnung wie ermutigende Verheißung sind, liegt Zünd-Stoff: Es geht um die Frage, ob die Prioritäten stimmen. Denn (nur) in dem Maße, wie es uns „zuerst um sein Reich und seine Gerechtigkeit geht", wird uns das andere hinzugegeben ...

Ein klares und anspruchsvolles Wort! – Doch, was heißt das konkret? Jesus fordert mich auf, vor allem aus der Grundhaltung des

Hinhorchens und Vertrauens zu leben. Alles andere ist demgegenüber zweitrangig. Und um dieses andere soll ich mich nicht in falscher Weise sorgen, sonst könnten mein Herz und meine Lebendigkeit von den Sorgen, meinem Grübeln, meinem übertriebenen Vorausplanen usw. erstickt werden. *Gott* weiß um mich und sorgt. Mein Leben liegt Ihm am Herzen (s. Johannes 10,10). Mein Glück und meine innere Erfüllung sind bei Ihm in guten Händen.

„So lass mich wach im Heute leben, im Herzen tief verbunden mit Dir", heißt es in einem Lied. Könnte dies nicht mein Morgengebet sein? Es lenkt meinen Blick hin zu Gott und macht zugleich deutlich, worauf es ankommt: Wach sein, wach sein für die Belange des Heute – wach sein für die Impulse, die von Ihm kommen.

„Gott, lass mich wach im Heute leben,
im Herzen tief verbunden mit Dir.
Denn nach Dir, Gott, halte ich Ausschau, Dich suche ich –
besonders dann, wenn es im Leben drunter und drüber geht ..."

In einer Zeit großer Not ermutigt Gott das Volk: „Fürchte dich nicht, denn ich bin mit dir, hab keine Angst, denn ich bin dein starker Gott. Ich helfe dir, ja, ich mache dich stark, ich halte dich mit meiner hilfreichen Rechten." (Jesaja 41,10) Diese Zusage gilt auch mir, insbesondere in Zeiten der Not. ER ist da, ich brauche mich nicht zu fürchten. Zwar nimmt Er mir nicht einfach die Lasten ab, aber Er stärkt mir Rücken und Schultern. ER weiß, was ich brauche!

„Ja, Du bist meine Hilfe; jubeln kann ich im Schatten Deiner Flügel.
Meine Seele hängt an Dir, Deine rechte Hand hält mich fest."

Ich darf und kann meine Sorgen und Ängste zuversichtlich in Gottes Hände legen und aus dem Vertrauen auf Seine Gegenwart und Hilfe leben. Eine solche Haltung führt in größere Freiheit und hilft, tatsächlich im Heute zu leben – sich zu freuen über den Sonnenschein, die blühende Blume, den freundlichen Gruß eines Mitmenschen ... Ich beginne, kleine Ereignisse neu wahrzunehmen, die mich an Gottes Güte erinnern und mir Wegweiser sein können.

„Herr, Dir will ich vertrauen. Dein Reich komme,
Dein Wille geschehe, wie im Himmel so auf Erden."

4. Tag

1 Samuel 3,1–10

„In jenen Tagen waren Worte des Herrn selten; Visionen waren nicht häufig", heißt es. In der Übersetzung von Martin Buber steht: „Keine Schauung brach durch." Offenbar gab es „Hindernisse". In vielen Menschen herrschte damals dem Wort Gottes gegenüber große Verschlossenheit.
Verschlossen und „zu" sein, wer kennt das nicht auch von sich?

„Samuel kannte den Herrn noch nicht, und das Wort des Herrn war ihm noch nicht offenbart worden", heißt es weiter. Aber: Gerade dieser Samuel wird von Gott gerufen!

Habe ich die Sehnsucht, von Gott „(an)gerufen" zu werden? Habe ich Sehnsucht, Sein Wort an mich und für mich zu vernehmen?

Glaube braucht Gemeinschaft

Der junge Samuel hat ein offenes und bereites Herz: In der Annahme, Eli habe ihn gerufen, steht er des Nachts mehrmals auf.

Ähnlich offen und bereit zu sein, dazu ruft uns die Bibel immer wieder auf: Es gilt, achtsamer und horchender zu werden, hinzuhören und zu lauschen.

Samuel hat diese Offenheit, aber er ist noch unerfahren im Umgang mit Gott. So glaubt er, Eli habe ihn gerufen. Und Eli? Auch dieser erfahrene Gottesmann „weiß nicht sofort Bescheid".
Doch ist er offen, offen für das, was mitten im Leben – hier: mitten in der Nacht – geschieht. Eli nimmt den jungen Samuel mit dessen Erfahrungen ernst – und da kommt ihm die Ahnung, es könne, ja müsse wohl Gott sein, der den Knaben ruft. So kann er Samuel helfen, mit der neuen Erfahrung umzugehen: „Geh, leg dich schlafen! Wenn er dich wieder ruft, antworte: Rede Herr, dein Diener hört."
Und Samuel tut, was ihm geraten wird ...

Von Samuel heißt es: „Er schlief im Tempel des Herrn, wo die Lade Gottes stand." Damit ist sicher nicht nur eine Ortsangabe gemeint, sondern es wird auch eine innere Haltung benannt: Obwohl dieser Samuel noch wenig Erfahrung mit Gott hat, lebt er innerlich in Gottes Nähe, ist für Ihn offen und „empfangsbereit".

„Die Lampe Gottes war noch nicht erloschen", heißt es weiter. Gemeint ist jenes Licht im Tempel, welches Symbol für die Gegenwart und Selbstkundgabe („Offenbarung") Gottes ist.

Diese Lampe ist ein Zeichen, das auch für uns hilfreich und wegweisend sein kann: Gott selbst will und wird sich zeigen – und Gott ruft auch mehrmals! Er ist geduldig, ist beharrlich und wirbt um uns. Eli weiß das, und er gibt seine Erfahrung weiter. Und mit dieser Hilfe kann Samuel sagen: „Rede, denn dein Diener hört."

Glauben, hinhören auf Gott, die Geschehnisse des Alltags in rechter Weise deuten, das kann ich nicht alleine. Glaube braucht Gemeinschaft! Einander stärken und bestärken, wie Eli es tut, vom anderen lernen wie Samuel, miteinander beten wie die Jünger, die Jesus bitten: „Herr lehre uns beten" (siehe Lukas 11,1), miteinander über die Schrift sprechen wie die „Emmausjünger", all das ist nur in Gemeinschaft möglich und lebendig – in einer Gemeinschaft, deren Mitte Gott ist und bleibt.

Sehne ich mich nach einer Glaubens-Gemeinschaft, in der wir uns gegenseitig ermutigen und im Glauben (be)stärken? Suche ich Menschen, mit denen ich (weiterhin) Glaubensgespräche führen kann?

Interessenten, die sich auch nach der Glaubenskurszeit zu Gebet, Bibelgespräch und Austausch treffen möchten, bietet das Buch „Neuer Wein in neue Schläuche"[1] eine gute Hilfe, „dranzubleiben": „damit das Feuer weiter brennt".

„Gott, nach Dir halte ich Ausschau im Heiligtum,
um Deine Macht und Herrlichkeit zu sehen.
Dich will ich preisen von ganzem Herzen,
im Kreis der Frommen, inmitten der Gemeinde."
(s. Psalm 63 und 111)

---
[1] Erschienen im WeG-Verlag. Weitere Angaben auf Seite 142/143.

5. Tag
Johannes 14,15–17 und 14,21–23

„... ich werde den Vater bitten, und er wird euch einen anderen Beistand geben, der für immer bei euch bleiben wird", verspricht Jesus Seinen Jüngern. Vor Seinem „Heimgang" sagt Er ihnen (und uns) einen anderen Beistand zu – einen Helfer, der bei uns bleiben und das Begonnene weiterführen wird.

Auch in mir will Gott Begonnenes weiterführen.
Ist es mir wichtig(er) geworden, auf Gott bezogen zu sein – und in dieser Verbundenheit weiter zu wachsen?
Möchte ich „Sein Leben wählen" und Seine Lebensregeln („Gebote") als Orientierung für mein Leben nehmen?

Leben aus der Kraft des Heiligen Geistes

Mehrmals spricht Jesus davon, dass Menschen, die Ihn lieben, nicht nur von Jesus selbst, sondern auch vom Vater geliebt werden! Welch eine Perspektive: Die Beziehung zu Jesus führt uns hinein in die Liebesgemeinschaft Gottes: „Wenn jemand mich liebt, wird er an meinem Wort festhalten; mein Vater wird ihn lieben, und wir werden zu ihm kommen und bei ihm wohnen."

Gott selbst will in mir Wohnung nehmen. Er will nicht nur (vorübergehend) „zu Besuch" kommen, nein: Er will wirklich in mir wohnen! Ich kleiner Mensch darf Gottes Tempel sein! Gott, der erhabene und große Gott, ist sich nicht zu schade, in mir Wohnung zu nehmen!

Wenn Gott in mir „Wohnung nehmen" will, heißt das: Er sucht meine Nähe und möchte zunehmend die Räume und Bereiche meines Lebenshauses mit Seinem Geist erfüllen, durchdringen und bestimmen: mit Seiner Liebe, Seiner Güte, Seinem Erbarmen, Seiner Treue, Seiner Kraft ...

8. Woche – Damit das Feuer weiter brennt

Im ersten Moment kann uns das erschrecken: Ist diese Nähe, ist das damit verbundene Leben nicht eine totale Überforderung?! Zweifelsohne: Aus eigener Kraft heraus kann niemand im Geiste Jesu leben und aus Seiner Botschaft heraus den Alltag gestalten! Das zu versuchen, würde jeden Menschen völlig überfordern. Doch unsere Grenzen sind nicht Gottes Grenzen. Er selbst, der Heilige Geist, will uns erfüllen und verwandeln, will uns immer mehr zum Verwirklichen Seiner Liebe befähigen. Er ist der Beistand, der ständig bei uns bleibt, der in uns, mit uns und durch uns wirken will.

Jesus verheißt: „Wenn jemand mich liebt, wird er an meinem Wort festhalten ...". Wenn ich mich auf Gott einlasse, und sei es mit meiner noch so kleinen Kraft, beginnt Neues: Dort, wo meine Kraft am Ende ist, wo ich meine inneren Widerstände spüre, wird mich der Heilige Geist selbst in die Lebenshaltung Jesu einführen. Und dann wird es mir auch möglich sein, zunehmend Seine Lebensregeln anzunehmen und mich an sie zu halten.

„Die Gebote halten": Möglicherweise fühlst Du Dich bei diesem Gedanken eingeengt, unfrei und unter Druck gesetzt. Vielleicht kommt die Angst auf, nicht alles „richtig" zu machen, oder die Befürchtung, Gott „zufriedenstellen" zu müssen. Alles verständliche Empfindungen. Doch: Gottes Gebote wollen kein einengender Maßnahmenkatalog sein, sondern Regeln, die zu einem guten und gelingenden Zusammenleben führen. Sie sind wie ein schützendes Geländer, das unser Leben (in der Beziehung untereinander und mit Gott) vor dem Abstürzen bewahren soll.

Wenn es mir aber schwerfällt, ja unmöglich scheint, mich darauf einzulassen? – Der heilige Augustinus empfiehlt: „Tun, was ich kann, und beten um das, was ich nicht kann." Ich soll mich auf den Weg machen und darf getrost sein, dass der Heilige Geist mir dann auch weiterhelfen wird: Er ist es, der die Herzen erhellt und uns die Kraft zum Guten gibt. Er schenkt Ruhe inmitten der Unrast, spendet Trost in Leid und Tod (vgl. das Gebet (Lied) zum Heiligen Geist GL 244 bzw. für die Schweiz KG 493).

Gott selbst will in mir Wohnung nehmen, will mein Inneres beleben und durchformen. Aber Er wartet auf meine Erlaubnis: dass ich Ihm die Tür öffne, Ihn hereinlasse, Ihm schließlich auch einen

Wohnungsschlüsse gebe. An mir ist es, Ihn zu bitten, in mir wirklich Raum einzunehmen: *„Wachse, Jesus, wachse in mir ..."* und: *„Gott, Du mein Gott, Dich suche ich, meine Seele dürstet nach Dir."*

6. Tag

Johannes 1,35–46

„Auf der Suche nach Gott", hieß es zu Beginn dieses Glaubensseminars, und in unserem Wochenpsalm beten wir nun ausdrücklich: „Gott, du mein Gott, dich suche ich". Auch die Menschen, von denen heute im Evangelium die Rede ist, waren auf der Suche – und sind „fündig" geworden ...

Schau zurück auf die vergangenen Wochen:
Was hast Du gesucht? Was hast Du gefunden?
Hast Du Gott näher kennen und schätzen gelernt?

Versuche, Ihm (in einfachen Worten) zu sagen, was Dir am Ende des Kurses, am Ende dieser Etappe Deines Glaubensweges, wichtig ist und am Herzen liegt – wofür Du danken und worum Du bitten möchtest.

Das Erfahrene weitersagen

Von einer richtigen „Flüsterpropaganda" wird hier erzählt: Johannes der Täufer sagt es Andreas, dieser sagt es seinem Bruder Simon; später gibt Philippus, der von Jesus selbst angesprochen worden war, die Botschaft an Natanaël weiter ... Um was geht es da? Die Menschen, von denen hier berichtet wird, haben das gefunden, was letztlich Ziel allen Sehnens und Wartens ist. Sie haben Ihn gefunden, den Messias und Retter, Ihn, von dem sie alles Heil erwarten. Und diese Tatsache behalten sie nicht für sich. – Nein, sie sagen die Botschaft umgehend weiter – und das geht bis heute so. Nun stehen wir selbst in der Kette derer, die von Christus gehört haben. Auch mich lud Er ein: „Komm und sieh!"

Wie geht es mir mit der Einladung Jesu, mit Seiner Botschaft? Ist sie für mich anziehend und begeisternd? Ist mir der Glaube so wichtig (geworden), dass ich mein Leben darauf bauen will? Drängt es mich, das, was ich erfahren habe, mit anderen Menschen zu teilen, an sie weiterzugeben: „Ich habe das gefunden, was mein Leben verändert. Ich habe IHN gefunden, der meinem Leben Erfüllung schenkt. Komm doch und sieh! Sieh mein Leben an – es ist nicht alles perfekt und in Ordnung, aber schau, etwas hat sich schon getan, da kann man schon etwas ‚sehen' ..."

Vielleicht geht es Dir tatsächlich so. Womöglich aber hast Du den Eindruck, dass die Glaubenskurswochen zwar für Dich wichtig waren, Du jedoch noch Zeit brauchst. Gott ist Dir möglicherweise wichtiger geworden, hat in Deinem Leben an Bedeutung gewonnen, doch fühlst Du Dich noch zu unsicher, um anderen davon zu berichten. Vielleicht genierst Du Dich auch ...

Verbiete Dir diese Gefühle von Unsicherheit, Angst und Abwehr nicht. Nicht jeder ist so spontan wie die Jünger, von denen hier berichtet wird. Manches braucht Zeit, bis es „soweit" ist. „Komm und sieh", diese Einladung gilt zuerst einmal Dir selbst. Am Ende dieses Glaubenskurses kann sie bedeuten: „Komm, bleib dran: Schau immer wieder auf Jesus. Sieh hin, wie Er lebt, wie Er mit Menschen umgeht, wie Er dem Vater vertraut ... Komm und geh Deinen Weg mit denen, die ebenfalls ‚auf Gottes Spur' sind. Lass Dich ruhig von ihnen mal mitziehen, wenn Du das brauchst. Und stärke andere, wenn Du dazu in der Lage bist!"

Der Glaube kommt vom Hören, erklärt Paulus (vgl. Römer 10,14). Das aber setzt ein Miteinander voraus. Die Bibel stellt uns dies klar vor Augen: Sie berichtet nicht von individualistischen „Einzelkämpfern", sondern zeigt Menschen in Gemeinschaft: Zwei Jünger werden von Johannes angesprochen, und sogleich suchen diese nach weiteren Weggefährten ...

Wir brauchen „Glaubens-Weg-Gemeinschaften", in denen wir über unseren Glauben sprechen können, wo wir den im Glaubenskurs begonnenen Weg weitergehen und darin bestärkt werden, uns über Glaubens- und Lebenserfahrungen, über Nöte und Fragen, über Sehnsüchte und Freuden auszutauschen.

Glaube braucht Gemeinschaft. Nur aus der Verbundenheit mit Gott und mit anderen, die ebenfalls auf dem Weg des Glaubens sind, wächst die eigene Gottesbeziehung.

Wer Gott (neu oder tiefer) gefunden hat, wird davon auch bald anderen künden: „Kommt und seht ..." Denn „wovon das Herz voll ist, davon läuft der Mund über".

Ist es nur ein Traum, eine Illusion, zu hoffen, dass es zu einer „ansteckenden Gesundung" im Glauben kommt und wieder mehr Menschen zu Gott und zueinander sagen „Weil Du es bist" ...?

> *„Dich, Herr, will ich preisen von ganzem Herzen,*
> *im Kreis der Frommen, inmitten der Gemeinde.*
> *Groß sind Deine Werke, o Herr,*
> *kostbar allen, die sich an ihnen freuen.*
> *Du hast ein Gedächtnis an Deine Wunder gestiftet,*
> *Du, Herr, bist gnädig und barmherzig.*
> *Dein Ruhm hat Bestand für immer."*
> (vgl. Psalm 111; GL 685)

„Und weiter ..."

Die Texte zur täglichen Besinnungszeit enden hier, nicht aber Dein Glaubensweg, auf dem Dich diese Texte ein Stück weit begleitet haben. Der Weg geht weiter bzw. Du gehst weiter. Wie ein solches Weitergehen aussehen kann, zeigt das Bild auf der folgenden Seite. Vielleicht findest Du Dich darin wieder.
Und möglicherweise können Dir manche Texte, Bilder und Gebete[1] (wie beispielsweise das „Glaubenskurs-Dankgebet") aus diesem Buch weiterhin Wegbegleiter sein.

---

[1] Auf der Homepage www.weg-vallendar.de befindet sich die Druckvorlage für ein Faltblatt mit Gebeten, das dem Teilnehmerheft gut zur Ergänzung beigefügt werden kann. Zu finden ist dies unter „Der Kurs-Weitere Unterlagen".

Ein Mensch auf dem Glaubensweg. Deutlich spürt er: Jesus hat mir Seine Zuneigung und Liebe kundgetan. ER schaut mich liebend an, Seine linke Hand, Sein Herz, sind mir offen zugewandt – Seine rechte Hand hat Er auf mich gelegt.

„Herr, meinst Du wirklich mich?", scheint der Angesprochene zu fragen. Und seine geöffnete Hand signalisiert: „Herr, wenn Du wirklich mich meinst – ich bin bereit. Ja, ich will auf Dich hören, will zu Dir gehören ..."

Dieser Mensch lässt sich auf Jesus ein. Seine Füße zeigen die eingeschlagene Richtung: „Herr, Deinen Weg will ich gehen, Dir will ich folgen – mit Dir den Weg zum Ziel meines Lebens gehen."

Zur Gestaltung der „Persönlichen Besinnungszeit"

Zur Pflege freundschaftlicher Beziehungen sind „gute Gewohnheiten" eine große Hilfe. Dies ist nicht nur unter Menschen so, es gilt auch für die Beziehung zu Gott: Um eine persönlichere Beziehung zu Gott zu finden, beziehungsweise diese Beziehung zu vertiefen, ist es ratsam, sich regelmäßig – möglichst täglich – Zeit zu Besinnung, Schriftlesung und Gebet zu nehmen. In der Hektik des Alltags muss man sich eine solche Zeit der Stille ganz bewusst „nehmen", d. h. Zeit und Ort bewusst wählen.

Das mag Mühe und Selbstüberwindung kosten, aber vermutlich wirst Du feststellen, dass Dein Alltag sich dadurch verändert. Die Erfahrung zeigt, dass durch regelmäßige Besinnungs- und Gebetszeiten der Alltag mehr von der Begegnung mit Gott her geformt ist und dadurch das Leben als erfüllter erfahren wird

Für die **Gestaltung** dieser Zeit hat sich folgender Ablauf bewährt:

1. Sich sammeln und auf Gottes Gegenwart einstimmen
2. Beten des (Wochen-)Psalms
3. Lesen der vorgesehenen Bibelstelle
4. Persönliche Besinnung und Lesen des Begleittextes
5. Abschließendes Gebet

Beginne die Besinnungszeit jedes Mal mit einem **bewussten Anfang**. Halte kurz inne; versuche, Dich entspannt hinzusetzen und die Hektik des Alltags hinter Dir zu lassen. Vielleicht hilft dabei der Blick auf eine brennende Kerze, auf ein Kreuz oder ein Bild.

Hilfreich kann es sein, mit einem kleinen „**Atemgebet**" zu beginnen: Sprich/Bete (innerlich) beim Einatmen: *„Jesus"* und beim Ausatmen: *„Du bist da."* Lausche Deinem Atmen, sei Dir der Gegenwart Gottes gewiss und wiederhole dieses kleine Gebet einige Male: *„Jesus – Du bist da!"*

Wir brauchen Zeit, um ganz „da" sein zu können. Deshalb ist es sinnvoll, sich Zeit zu nehmen, um innerlich „anzukommen":

Anhang

„Jesus, Du bist da. Dir möchte ich nahe sein.
Öffne mein Herz für Dich und Dein Wort. Amen."

Nun kannst Du einen Psalm anschließen, z. B. den jeweiligen **„Wochenpsalm"**. Bete ihn langsam und mach bei dem * eine kleine Pause – das hilft zur Sammlung und bewahrt vor Hasten.
Hilfreich kann es sein, nach dem Beten des Psalms einzelne Worte oder Verse mehrmals bedächtig (auch laut) zu wiederholen. Lass Dich von den Worten und Bildern innerlich ansprechen und verweile bei ihnen – geht es doch beim Beten auch um ein Hinhorchen, um eine Begegnung von Herz zu Herz.

Dann kann sich das **Betrachten des „Wortes Gottes"** – das Lesen der vorgesehenen Bibelstelle – anschließen.

Hinweise zum Zurechtfinden in der Bibel

- Die Bibel ist kein einheitliches Buch. Sie besteht aus verschiedenen Schriften („Büchern")und enthält beispielsweise im „Alten Testament" das Buch der Psalmen, im „Neuen Testament" Schriften wie das Lukasevangelium oder den 1. Johannesbrief.
- Im **Inhaltsverzeichnis** einer Bibel (Du findest es ganz vorne oder ganz hinten) ist angegeben, auf welcher **Seite** der Text der einzelnen Schriften („Bücher") beginnt.
(Die Seitenzahlen finden sich auf den Buchseiten meist innen).
- Jedes einzelne „Buch" der Bibel gliedert sich in verschiedene Kapitel, jedes Kapitel wiederum in einzelne Verse. Die Versnummern sind einfach in den Text hinein gedruckt.
- So bedeutet beispielsweise die Stellenangabe „Lukas 19,1-5": „Lukasevangelium – 19. Kapitel – Verse 1 bis 5".
- Schlägst Du diese Bibelstelle auf, so findest Du den Text, der in der 1. Woche am 1. Tag gelesen wurde.
- Häufig (aber nicht im vorliegenden Buch) werden Abkürzungen verwandt (z. B. „Lk" statt „Lukas"). Meist findest Du vorne oder hinten in der Bibel ein Abkürzungsverzeichnis.
- Anfangs kann es sinnvoll sein, durch eine **Markierung** dafür zu sorgen, dass man in seiner Bibel **Inhaltsverzeichnis** und **Abkürzungsverzeichnis** schnell findet.

Die Bibel ist mehr als eine Sammlung alter Texte. Sie ist Wort Gottes – und dies nicht nur für die Menschen damals, sondern ebenfalls für uns heute. Gott möchte im Bibelwort auch Dich persönlich ansprechen. Lass Dir daher für die Worte der Heiligen Schrift Zeit. Lies die vorgesehene Bibelstelle ähnlich bedächtig wie beim Psalmbeten, lausche auf die feinen Impulse Deines Herzens und lass den Text auf Dich wirken. Auch hier kannst Du einzelne Worte oder Verse wiederholen.

Lies den Text ggf. nur abschnittsweise oder auch mehrfach.

Dabei kannst Du Dich dem Text schrittweise nähern:

- „Was springt mir beim ersten Lesen ins Auge?"
- „Was berührt/bewegt mich?"
- „Was willst Du, Gott, mir heute durch diesen Text sagen?"

Oft springt uns beim **ersten Lesen** etwas „ins Auge" – etwas, das auffällt, überrascht, unverständlich ist, Widerspruch hervorruft. Sich daran „festzubeißen" ist jetzt wenig förderlich. Es im Moment einfach „unverstanden stehen zu lassen" hilft eher, den Zugang zu *tieferem* Verstehen, den Zugang zur Botschaft Gottes zu finden.

Auch kann man das Gespräch mit Gott suchen: „Gott, was bedeutet das?" – „Gott, warum?!" Lesen und Beten können ineinander übergehen, wie auch der Text dieses Buches immer wieder in die kursiv gedruckten Gebete hinüberleitet.

Es gibt verschiedenartige Zugangsweisen zu einem Bibeltext: Bei einer wissenschaftlich-exegetischen Bibelauslegung untersucht man den genauen Wortsinn und den historischen Hintergrund und vergleicht verschiedene Schriftstellen. Dies hat seinen wichtigen Platz – in der „Persönlichen Besinnungs- und Gebetszeit" jedoch geht es um „Geistliche Schriftlesung": Diese zielt darauf ab, sich durch das Schriftwort von Gott ansprechen zu lassen. Da können Kenntnisse in Bibelkunde hilfreich sein, sind aber nicht erforderlich: Nicht eine rein gedankliche Bibelauslegung steht hier im Vordergrund, sondern die persönlich Begegnung mit Gott.

Wenn Du dann in einem **zweiten Schritt** dem nachgehst, was Dich berührt, kannst Du Dich von Fragen leiten lassen wie: „Was hat mich angesprochen? Was macht mich betroffen? Woran bleibe ich hängen? In welcher Person / in welchem Wort erkenne ich mich selbst wieder? Wo regt sich in mir Widerspruch?"

Es gilt, sich von Gottes Wort (be)treffen zu lassen:

„Was willst Du, Gott, mir heute durch diesen Text sagen?"

Wenn Dir eine Textstelle Schwierigkeiten bereitet oder Widerspruch hervorruft, ist das nicht schlimm. Setz Dich nicht unter Druck, lasse Ungeklärtes einfach stehen – im Vertrauen, dass Gottes Geist Dich dort ansprechen wird, wo es jetzt für Dich wichtig ist. Sinnvoll ist es, immer wieder um das rechte Verstehen zu beten:

„Gott, lass mich Dein Wort verstehen
und zeige mir, was jetzt für mich wichtig ist."

In einem **dritten Schritt** kannst Du Dich dem jeweiligen Besinnungstext zuwenden. Dieser möchte Hilfe zum tieferen Verstehen der Bibeltexte sein, möchte einzelne Gedankengänge und Impulse vertiefen sowie anregen, herauszufinden, was im Moment wichtig ist. Oft führen diese Texte auch hin zu einem Gebet.

Es ist sinnvoll, **gegen Ende der Besinnungszeit** nochmals den Blick auf Gott zu richten und „mit Ihm ins Gespräch" zu kommen. Da kannst Du Ihm sagen, was Dich beschäftigt, kannst danken, bitten, Gott Deine Fragen vortragen oder Dein Herz bei Ihm ausschütten. Oder auch einfach still „bei Ihm" verweilen ...

Vielleicht entwickelst Du eine feste Form, diese **Besinnungszeit abzuschließen**, sei es mit dem Vaterunser, dem „Ehre sei dem Vater", einem anderen Gebet, einem Lied oder dem Kreuzzeichen.

Im Anschluss an die Besinnungszeit kann es sinnvoll sein, sich ein Bibelwort, einzelne Gedanken oder Impulse zu notieren (sei es in diesem Buch oder in einem separaten „Kurs-Tagebuch"). Du wirst Dich dann vermutlich leichter im Laufe des Tages (oder der Woche) an das Bibelwort oder an Deine Gedanken erinnern.

Möglicherweise tauchen bei der Beschäftigung mit den verschiedenen Bibelstellen, beim Blick auf Deine persönliche Gottesbeziehung oder aufgrund Deiner Erfahrungen mit dem Beten sehr persönliche Fragen auf. Vielleicht hast Du die Möglichkeit, mit einer geistlich erfahreneren Person diese Themen und Fragen zu besprechen. Selbstverständlich kannst Du Deine Gedanken auch beim nächsten Glaubenskurstreffen äußern, etwa beim Gruppengespräch.

Der Sinn der „Persönlichen Besinnungszeit", der Sinn jeden Betens, ist die Pflege der persönlichen Gottesbeziehung. Beten ist „Sprechen von Herz zu Herz". Beten heißt, innerlich offen werden und sich Gott zuwenden. Dabei kannst und darfst Du Deine Beziehung zu Ihm frei und offen ausdrücken. Es ist gut und befreiend, wenn wir zu Gott ehrlich und ungezwungen sprechen und Ihm einfach das sagen, was wir auf dem Herzen haben! Aber:

Mit eigenen Worten zu beten gelingt nicht immer gleich gut. In vielen Situationen sind feststehende Gebete, vorgedruckte Gebetstexte, recht hilfreich. Sie können uns stützen, wenn Beten innerlich schwerfällt, wenn uns Kraft, Lust und die rechten Worte fehlen. Dann sind sie wie eine Brücke, die hilft, dass unser Kontakt mit Gott nicht abbricht. In Seiner Liebe hat Er ja Sein Ohr an Deinem Herzen.

Wieder anfangen mit der Beichte, aber wie?
Ein Erfahrungsbericht

„In meiner Kindheit und Jugend war ich genau zweimal beichten: vor der Erstkommunion und vor der Firmung. Da gehörte es irgendwie dazu – Pflichtprogramm, ohne dass ich wirklich wusste, was das alles sollte und was ich dem Priester überhaupt sagen sollte. Mit der Erfüllung dieser Pflicht war es mit dem Beichten dann auch vorbei – für meine Begriffe ein für allemal.

Aber ich habe es wieder gewagt – 20 Jahre später. Durch verschiedene Ereignisse war ich Gott wieder näher gekommen, war Er mir wichtig geworden. Ich begann auch, mich mit dem Thema Beichte zu beschäftigen, darüber zu lesen – aber es tun? Mir fielen all die Geschichten von schlechten Erfahrungen im Beichtstuhl ein, die ich von anderen gehört hatte. Die vielen Gegenargumente bestärkten mich eher in der Ablehnung. Das brauchte ich nicht: Ich habe weder gestohlen noch jemanden umgebracht! Ich hatte große Vorbehalte.

Und doch ließ mich das Thema nicht mehr los. Ich spürte, dass es da Dinge zu bereinigen gab, die falsch gelaufen waren, wo ich schuldig geworden war, die einem Wachsen der Beziehung zwischen mir und Gott im Weg standen. Und langsam, ganz langsam, kam eine Sehnsucht in mir auf, es zu probieren. Neben der Sehnsucht aber immer wieder auch Angst. Ich habe lange gebraucht.

Auf einer Reise hatte ich dann einen Priester kennengelernt. Und als ich die Gelegenheit hatte, für einige Tage in seiner Nähe Urlaub zu machen, führten wir viele Gespräche miteinander – über das, was mir Gott nun bedeutete, wie wichtig Er mir geworden war. Und ich hatte immer stärker das Gefühl, bei ihm könnte ich „es" wagen – wagen zu fragen, ob ich bei ihm beichten könne.

Und trotzdem habe ich nicht sofort gefragt, sondern das Thema eher noch ausgeklammert: Bloß nicht daran rühren. Ich wusste ja nichts. Wie geht das überhaupt mit dem Beichten? Ich hatte furchtbare Angst, die mich immer wieder vor der Frage zurückschrecken ließ. Kurz bevor ich wieder nach Hause gefahren bin, habe ich dann doch all meinen Mut zusammengenommen und habe gefragt, ob ich bei ihm beichten könne – ich hätte allerdings überhaupt keine Ahnung, wie das ginge. Er hat sofort zugesagt und wir haben uns für den nächsten Tag verabredet. Am liebsten hätte ich den Termin wieder abgesagt, aber jetzt war es einmal ausgesprochen – dahinter konnte und wollte ich nicht mehr zurück.

Dann saß ich da am nächsten Tag in einem hellen Zimmer mit Tisch und Stühlen – nicht, wie ich insgeheim befürchtet hatte, in einem engen, dunklen Beichtstuhl. Ich saß dem Priester gegenüber und wusste nicht, was ich tun sollte. Ich hatte ja keine Ahnung, wie Beichten denn „funktionieren" würde. Und genau das habe ich ihm dann auch gesagt. „Das macht nichts, erzählen Sie einfach aus Ihrem Leben, sagen Sie das, was Ihnen auf dem Herzen liegt."

Das war seine Antwort; keine Formalien, kein Ausfragen oder Ausquetschen oder was immer ich da befürchtet hatte. Nein, es ging um mich, um mein Leben – und darüber konnte ich sprechen. Ich konnte die Dinge sagen, die schief gelaufen waren, konnte das aussprechen, was ich falsch gemacht hatte und was mir auf dem Herzen brannte. Ich tat es, so gut ich es konnte, so wie es für mich in diesem Moment möglich war. Und ich konnte auch das aussprechen, was gut gelaufen war. – Wir haben uns Zeit genommen. Als ich fertig war und mir der Priester die Vergebung zugesprochen hatte, versuchte ich meine Gefühle in Worte zu fassen. Die Angst war weg, ich konnte gar nicht begreifen, warum sie da gewesen war. Ich spürte ein Freisein – doch mir fehlten die Worte. Der Priester sah mich an und sagte: „Es ist ein Aufatmen der Seele, richtig?" Ich werde diese Worte nie vergessen, er hatte es genau getroffen.

Das ist jetzt einige Jahre her. Inzwischen gehe ich regelmäßig zur Beichte. Auch wenn ich immer noch nicht gestohlen oder jemanden umgebracht habe, ist es für mich wichtig geworden, vor Gott die Dinge auszusprechen, die falsch gelaufen sind. Das geschieht auch heute nicht leichten Herzens, da habe ich immer noch viel Herzklopfen und auch Angst. Es ist nicht schön, meine Schwächen und Fehler offen auszusprechen. Aber es ist mir wichtig geworden, mich mit meinen Fehlern und meiner Schuld immer wieder Gott anzuvertrauen und Seine Vergebung zugesprochen zu bekommen – zu erfahren, von Ihm angenommen zu sein." *Andrea Windirsch*

Erfahrungen als Priester mit dem Bußsakrament

„Ähnliche Erfahrungen wie die von Frau Windirsch beschriebenen durfte ich auch schon öfter machen – und zwar sowohl als Beichtender wie auch als Priester.

Gerade wenn ich miterleben darf, wie Menschen erstmals oder wieder neu den Schritt zur persönlichen Beichte tun, löst das in mir sehr viel Respekt und Ehrfurcht aus. Und wenn zu spüren ist, dass das Aussprechen sehr schwerfällt, wenn man sich vielleicht näher kennt und die Scham über das, was bekannt wird, deutlich spürbar ist, wird mir selbst sehr bewusst: Eigentlich stehen wir doch beide als Sünder vor Gott.

Im Laufe der Zeit ist mir auch immer deutlicher geworden, dass dann, wenn jemand „bei mir" beichtet, es nicht um mich als Person geht. Zweifellos wird mir viel Vertrauen geschenkt, doch noch stärker merke ich: Letztlich treten wir gemeinsam vor unseren Erlöser. Und wenn ich dann im Namen Gottes (!) die Vergebung zusprechen darf, tue ich es nicht selten in dem Bewusstsein, dass ich in manchem der eben gehörten Punkte ebenfalls der Vergebung bedarf. Weil mir das „Miteinander vor Gott" sehr wichtig ist, stelle ich mich zur Lossprechung gern mit dem Beichtenden vor das Kreuz. Ich ziehe die Stola an und lege beim Vergebungsgebet oft die Hände auf den Kopf der betreffenden Person.

Manchmal höre ich die Frage: „Wie mache ich es beim Beichten denn richtig?" Wenn ich so um Rat gefragt werde, sage ich z. B., dass ich selbst beim Beichten manchmal einen Zettel dabei habe, auf dem ich mir einiges aufgeschrieben habe, was ich bekennen möchte. Ich erkläre auch, dass man letztlich gar nichts „falsch" machen kann, denn das ganze Geschehen wird umfangen von Gottes Erbarmen. Und wenn jemand bzgl. des Ortes der Beichte unsicher ist, biete ich auch die Möglichkeit eines Spaziergangs an.[1]

Weil ich selbst erfahren durfte, dass ein persönliches Aussprechen der eigenen Schuld wie auch der persönliche Zuspruch „Dir ist jetzt vergeben" meist sehr in die Tiefe gehen, wünsche ich vielen den Mut, sich auf diese Erfahrung einzulassen." *Pater Hubert Lenz*

---

[1] Auf www.weg-vallendar.de befindet sich bei „Der Kurs-Weitere Unterlagen" die Druckvorlage für ein Faltblatt mit weiteren Erläuterungen zum Bußsakrament.

Dankgebet für meinen persönlichen und unseren gemeinsamen Glaubensweg in den vergangenen Wochen

Gott, unser Vater!
Du Schöpfer der Welt und eines jeden Menschen!
Auch mich hast Du voll Liebe ins Leben gerufen
und begleitest mich Tag für Tag.
Deine Liebe lässt mich niemals los. -
Selbst wenn ich mich von Dir abwende,
sprichst Du weiter „Weil Du es bist" zu mir.

Herr Jesus Christus,
aus Liebe zu uns bist Du Mensch geworden.
Durch Deine unbeirrbare Treue hast Du uns offenbar gemacht,
wie groß Deine Zuwendung und Dein Erbarmen sind.
Wir danken Dir, dass Du uns durch Kreuz und Auferstehung
die Macht Deiner Liebe erkennen ließest.
Diese Liebe hat uns erlöst
und neu die Gemeinschaft mit dem Vater im Himmel erschlossen.

Herr, unser Gott, ich danke Dir,
dass ich Dich als den Gott des Lebens,
der Liebe und des Erbarmens erkennen durfte.
Dir will ich mehr und mehr vertrauen.

Auf meinem Weg zu Dir bin ich nicht allein.
Ich danke Dir für die gemeinsame Zeit im Glaubenskurs.
Erfülle uns alle mit Deinem Heiligen Geist
und vertiefe in uns die Sehnsucht,
unser Leben immer mehr
aus der Gemeinschaft mit Dir zu gestalten
und den eingeschlagenen Glaubens-Weg weiterzugehen.
Begleite mich und jeden Einzelnen von uns
mit Deinem Segen.
Amen.

Einführende und weiterführende Hilfen

Leitfaden. Zum Pastoralkonzept „Wege erwachsenen Glaubens"
„Das Feuer neu entfachen" ist Bestandteil des genannten Pastoralkonzeptes. Der „Leitfaden" (40 S.) gibt eine gut lesbare Einführung in dieses zukunfts-orientierte Konzept, zeigt Schritte der Umsetzung auf und stellt die Materialangebote vor.

Neuer Wein in neue Schläuche. Eine Starthilfe für Kleingruppen **
Für Bibel- und Gesprächsgruppen („gemeindliche Kleingruppen"), wie sie sich oft nach einem Glaubenskurs bilden, bietet dieses Arbeitsheft bewährte Vorschläge zur Gestaltung der Treffen. In den 12 ausgearbeiteten Vorlagen für Gruppentreffen finden sich viele Anregungen, Erläuterungen, Gebetsimpulse und hinführende (Besinnungs-)Fragen. Neben biblischen Themen geht es auch um Fragen wie „Welches sind meine Gaben?", „Wo ist mein Platz in Kirche und Gesellschaft?".

Leben aus dem Geist. Jesu Werk weiterführen **
Das Buch führt in 11 Einheiten in das Leben aus der Kraft des Heiligen Geistes ein. Angesprochen werden auch Themen wie Charismen, Gaben und Früchte des Heiligen Geistes u. ä.. Am Ende wird zu einer Firmerneuerung eingeladen, um „Jesu Werk heute weiterzuführen".

Eucharistie – ein Weg der Wandlung
Teilnehmerheft mit Liturgie-Erklärungen
Das Teilnehmerheft zum gleichnamigen Kurs will zum Verständnis und vertieften Erleben der Eucharistie hinführen. In Anlehnung an die Emmausgeschichte wird der Ritus erklärt und Schritt für Schritt für das eigenen Leben fruchtbar gemacht. Betrachtungstexte, Erfahrungsberichte sowie theologische Reflexionen zu aktuellen Themen fördern das tiefere Erleben der Eucharistie.
(Neben dem Teilnehmerheft gibt es zu diesem Kurs auch ein Lesebuch.)

Vater unser. *Lesebuch*
Nicht nur die Jünger damals, auch viele Menschen heute tun sich schwer mit dem Beten. Das Buch hilft, neu beten zu lernen sowie Alltag und Glauben als Einheit zu entdecken. Dabei geht es nicht nur um eine Erklärung des „Vaterunser", sondern um den erlösten Lebensstil in der Freiheit und Freude der Kinder Gottes.

Brannte uns nicht das Herz …? Einführung ins innere Gebet
Dieses *Pilgerbuch* ist eine gute Begleitung für alle, die ihr Gebet vertiefen möchten.

Christus in der Kirche. Katholische Schätze entdecken
Ausgehend von der Bibel, gibt dieses spirituell und verständlich geschriebene Buch (280 Seiten, A4, 49 Farbbilder) einen umfassenden Einblick in den katholischen Glauben und das kirchliche Selbstverständnis. Eine Fundgrube für alle, die mehr wissen und die katholischen Schätze entdecken wollen.

Leiden – wozu? Biblische Impulse zur Leidbewältigung **
Warum lässt der gute Gott zu, dass …? Hinter dieser Frage steht oft die existenzielle Not: Wie kann dieses Leid bewältigt werden? Das Buch zeigt, wie in Verbindung mit Jesus auch aus unvorstellbarem Leiden Segen wachsen kann.

Weiterführende Hilfen – WeG-Konzept – WeG-Verlag 143

Zur persönlichen Vertiefung

Wozu lebe ich? *
Meditativ und klar, versehen mit schönen Farbbildern, wird aufgezeigt, wie das eigene Leben sinnvoller gestaltet werden kann. Auch gut als Geschenk geeignet.

Reinkarnation und Auferstehungsglaube *
Sachlich und informativ wird aus christlicher Sicht dargelegt, worin sich Auferstehungsglauben und Reinkarnation unterscheiden. Geeignet für alle, die in diesen Fragen für sich selbst bzw. für das Gespräch mit anderen mehr Klarheit suchen.

Vom Diesseits zum Jenseits. Was erwartet uns nach dem Tod? *
Ausgehend von der Bibel, werden in einfacher und verständlicher Form folgende Themen besprochen: Das christliche Sterben, die Wiederkunft Jesu Christi, das Gericht, die Hölle, das Fegfeuer und der Himmel. – Eine hilfreiche Information!

Einheit macht stark *
Souverän ging Jesus seinen Weg. Er strahlte grosse Freiheit und Sicherheit aus. Die Schrift gibt Impulse, wie wir durch gelebte Einheit an seiner Souveränität und Stärke Anteil erhalten können – und was die Einheit fördert bzw. gefährdet.

Von der Freude des Christseins *
Der christliche Glaube ist Evangelium: Botschaft der Freude. Die Schrift zeigt auf, wie die Freude am Christsein wachsen kann und was sie erstickt.
Für alle, die mit mehr Freude ihren Glauben leben möchten.

Gebote als Lebenshilfe. Die Zehn Gebote neu erklärt *
Ausgehend von der biblischen Ursprungsbedeutung wird der aktuelle Sinn der Zehn Gebote für den Einzelnen wie die Gesellschaft erschlossen. Dabei wird deutlich, dass die Gebote uns helfen, das Leben besser und froher zu gestalten.

* aus der Kleinschriftenreihe „WeG-Impulse"   ** eignet sich für Kleingruppen.

Über den **aktuellen Stand** der **Unterlagen aus dem WeG-Verlag** informiert:
www.wege-erwachsen-glaubens.org sekretariat@wege-erwachsenen-glaubens.org

---

Materialien und Hilfen zum „Vallendarer Glaubenskurs"
Bei der WeG-Projektstelle (PF 1406 – 56174 Vallendar – 0261 6402-990) gibt es:
- das vorliegende Teilnehmerheft,
- das auf Seite 2 beschriebene Themenheft,
- die **Texte der 1. Woche** des Teilnehmerheftes als „Sonderdruck",
- das Werkbuch zum Kurs (CD mit Begleitheft),
- gedruckte **Auszüge aus dem Werkbuch** zum Kurs (ca. 180 S.),
- das **Liederbuch** „Sein Feuer in uns" (mit Liedern speziell zum Kurs),
- Infos über **Kursangebote** zum Kennenlernen (z. B. 4tägiger „Kompaktkurs") bzw. zur Durchführung von „Das Feuer neu entfachen" (z. B. „Workshop").

Mehr zu diesen Materialien, den Kursangeboten sowie den aktuellen Stand der geplanten Erarbeitung eines „Vorläufers" und eines weiterführenden Kurses findet sich auf der Homepage **www.weg-vallendar.de**.

Abdruckerlaubnis

Die Ständige Kommission für die Herausgabe der gemeinsamen liturgischen Bücher im deutschen Sprachgebiet erteilte für die aus diesen Büchern entnommenen Texte die Abdruckerlaubnis. Die darin enthaltenen biblischen Texte sind Bestandteil der von den Bischofskonferenzen des deutschen Sprachgebietes approbierten Einheitsübersetzung der Heiligen Schrift.

Bildnachweise

S. 11: Ich lege mein Wort in Deinen Mund, Holzschnitt von Sr. Sigmunda May OSF (Nr. 148), © Kloster Sießen
S. 29: Skizzen (auch S. 67): Hubert Lenz
S. 41: Der Hörende, Skulptur von Toni Zenz, 1957, Pax-Christi-Kirche, Essen
S. 44: Peter Klein, Fußwaschungs-Kreuz, Foto: Matthias Brand (Focus-Fotostudio, Vallendar), © Hubert Lenz
S. 46: Zeichnung Schneckenliebhaber: Vallendarer Teamwork, © Projektstelle WeG
S. 77: Anne Seifert, Heilung des Blinden, Bild: © Prof. Albert Höfer (A-Graz)
S. 80: Ich will, sei heil!, Holzschnitt von Sr. Sigmunda May OSF (Nr. 143), © Kloster Sießen
S. 84: Die barmherzige Dreieinigkeit, Sr. Caritas Müller OP, Dominikanerinnenkloster Cazis/CH, © ars liturgica BUCH- UND KUNSTVERLAG, D-56653 MARIA LAACH, Nr. 4573. Das Bildmotiv ist als Kunstpostkarte Nr. 404573 sowie als Doppelkarte Nr. 414573 beim Verlag erhältlich.
S. 97: Rembrandt van Rijn, 1606-1669: Die Heimkehr des Verlorenen Sohnes (um 1666/69), Foto ©: ARTOTHEK (D-Weilheim)
S. 106: Ich steh an Deiner Tür, Zeichnung von Michael Veit (München)
S. 117: Meine Seele sieht das Land der Freiheit, Holzschnitt von Sr. Sigmunda May OSF (Nr. 229), © Kloster Sießen
S. 133: Eines fehlt dir noch, Holzschnitt von Sr. Sigmunda May OSF (Nr. 128), © Kloster Sießen